_____ 님의 소중한 미래를 위해
이 책을 드립니다.

당신과 반려견 사이

당신과 반려견 사이

유상우 지음

메이트북스 우리는 책이 독자를 위한 것임을 잊지 않는다.
우리는 독자의 꿈을 사랑하고,
그 꿈이 실현될 수 있는 도구를 세상에 내놓는다.

당신과 반려견 사이

초판 1쇄 발행 2018년 12월 3일 | **지은이** 유상우
펴낸곳 ㈜원앤원콘텐츠그룹 | **펴낸이** 강현규 · 정영훈
책임편집 이가진 | **편집** 안미성 · 이수민 · 김슬미
디자인 최정아 | **마케팅** 한성호 · 김윤성 · 김나연 | **홍보** 이선미 · 정채훈
등록번호 제301-2006-001호 | **등록일자** 2013년 5월 24일
주소 06132 서울시 강남구 논현로 507 성지하이츠빌 3차 1307호 | **전화** (02)2234-7117
팩스 (02)2234-1086 | **홈페이지** www.matebooks.co.kr | **이메일** khg0109@hanmail.net
값 15,000원 | **ISBN** 979-11-6002-184-4 13490

메이트북스는 ㈜원앤원콘텐츠그룹의 경제 · 경영 · 자기계발 · 실용 브랜드입니다.
잘못 만들어진 책은 구입하신 서점에서 교환해 드립니다.
이 책을 무단 복사 · 복제 · 전재하는 것은 저작권법에 저촉됩니다.

이 도서의 국립중앙도서관 출판시도서목록(CIP)은 e-CIP홈페이지(http://www.nl.go.kr/ecip)에서
이용하실 수 있습니다.(CIP제어번호 : CIP2018035368)

인간은 달변으로 말할 수 있지만
대부분 허구적이라 늘 공허하다.
동물은 한정된 것만 말하지만
그것은 모두 진실되고 유용하다.
큰 허구보다 작은 진실이 값지다.

레오나르도 다빈치의 일기에서

베들링턴 테리어, 1889년
(출처: https://en.wikipedia.org/wiki/Bedlington_Terrier)

/
차
례
/

프롤로그 _ 반려견과의 특별한 시그널 • 8
『당신과 반려견 사이』 저자 심층 인터뷰 • 12

CHAPTER 01
신발 먹는 도파

개를 싫어하는 아이 • 26
침대 위의 늑대 • 31
새로운 가족 – 견사호 of Yoo house 패밀리 • 39
누가 팥죽코인가? – 좌충우돌 양육기 • 49

CHAPTER 02
7마리 동물이 함께 사는 법

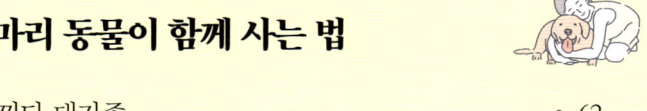

어쩌다 대가족 • 62
작은 개는 똥도 작다 • 70
7번의 도배, 9개의 신발 – 퍼피 라이센스 • 82
헌신의 순간 – 시간과 노동 • 91

CHAPTER 03
매우 주관적인, 그러나 정신과적인 강아지 훈련

우리 개는 진짜 똑똑해요 • 106
행동교정 – 훈련과 치료 사이 • 116
간식을 달라 – 배변 훈련 • 129
즐거움과 의무 사이 – 산책하기 • 145

CHAPTER 04
우리는 서로를 아는 걸까?

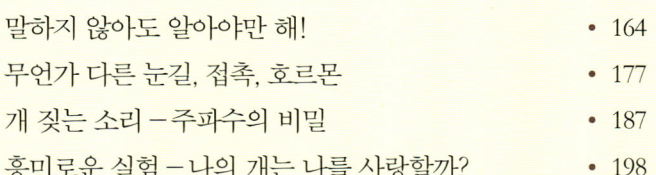

말하지 않아도 알아야만 해! • 164
무언가 다른 눈길, 접촉, 호르몬 • 177
개 짖는 소리 – 주파수의 비밀 • 187
흥미로운 실험 – 나의 개는 나를 사랑할까? • 198

CHAPTER 05
외로운 사회 – 우리 모두는 포유류

우리는 왜 개를 키우나? • 210
도파와 니카는 달랐다 – 학대와 트라우마 • 217
개를 무서워하는 사람 • 227
이별과 상실 • 237

에필로그 _ 도파를 위한 음악을 만들다 • 250

PRO
LO
GE

반려견과의
특별한 시그널

　우리 집은 식구가 많다. 사람 넷, 개 셋 모두 일곱 식구다(종종 개 4마리로 늘기도 한다). 기상청은 111년 만이라고 하지만 누구는 정조 18년 이후 처음이라는 2018년 여름 폭염에 개들과 에어컨 튼 안방에서 같이 자고 있다. 3마리 개들과 한 침대에서 뒤척이다 보면 자도 잔 것 같지가 않다. 내 인생에 이런 날이 오리라고는 상상도 못했다. 아주 오랜 기간 나에게 개란 마당에서 사는 동물이었다. 집 안에 같이 사는 개라니, 딱 질색이다.

　십 수년 전, 아내와 아이들이 집에서 개를 키우자고 했을 때 농담이지 싶었다. 여전히 나는 개를 좋아하지 않았다. 온 가족이 힘을 합쳤고 결국 내가 항복했다. 그 후 시차를 두고 몇몇 강아지(라고만 해두자. 그건 정말 밝히기 부끄러운 부분이다)가 우리 집에 들어왔다. 개 홍역에 걸린 것도 모르고 분양받은 어떤 강아지는 우리 집에 오자마자 병원으로 직행, 응급실에서 사경을 헤맸지만 아내의 극

진한 간호(어마어마한 병원비도 포함해서)로 살아났다.

어떤 개는 내 아침식사인 식탁 위 샌드위치를 먹어치웠고(그건 앞발이 식탁에 올라왔다는 걸 의미한다. 오줌 묻은 그 넙데데한 발 말이다), 출근길 현관에서 흥건한 오줌으로 배웅을 하는 통에 질척한 양말을 갈아 신으려 깨금발로 안방까지 뛰어도 봤다. 그런 날은 어김없이 일찍 예약환자가 있거나 방송국에 새벽같이 서둘러가야 하는 날이었다. 대부분의 개들은 배변 훈련에 너무 오랜 시간이 걸렸고, 번잡했고, 뭔가를 망가뜨렸으며(하필 다 내 물건이다), 너무 크게 아무 때나 짖어댔고, 결정적으로 나를 좋아하지 않았다.

나 역시 똥오줌을 집안 여기저기에 싸는 짐승들과 같은 공간에서 지내는 게 싫었다. 내 입에서 개를 다른 집으로 보내라는 말이 나올까봐 가족들은 개들이 친 사고를 나 몰래 수습하기 바빴지만 그러기에는 개들이 너무 부지런했고 나는 참을성이 없었다. 반려견을 대하는 자세에 있어서 우리 부부의 온도 차는 심각한 갈등으로 이어졌다.

데려온 자식 눈칫밥 먹이듯 개들을 감싸며 전전긍긍하던 아내는 나와 대판 싸우고 설득하고 지치기를 반복하다가 결국은 개들을 어디론가 보내야 했다. 그때마다 무덤덤한 아들에 비해 며칠이고 울어서 눈이 퉁퉁 부은 딸은 아빠와 눈도 안 마주치려 했다. 사고치는 개가 사라졌어도 평화는 찾아오지 않았다.

2018년 현재, 내 곁에는 사랑하는 반려견 도파를 포함해 3마리 개가 있다. 도파는 나에게 스트레스를 주던 개들이 하는 그 모든 짓을 빠짐없이 다한다. 덩치도 꽤 커서 똥도 많이 싸고, 신발이나 안경 할 것 없이 내 물건들을 야무지게 뜯어놓는다. 음식은 손에 들고 있는 것도 채가기 일쑤인데다 축축한 발로 당당하게 침대에 올라오고, 조금만 한눈을 팔면 침을 뚝뚝 떨어뜨리며 뽀뽀를 한다. 지금 이 글을 쓰며 도파를 떠올리는 것만으로도 그 사랑스러움에 미소가 지어진다. 도파에 대한 사랑을 노래로 만들고 음반도 정식으로 출시했다. 그 동안 나에게 무슨 일이 생긴 걸까?

사람이 갑자기 변하면 합리적으로 분석해내는 게 정신과 의사인 나의 일이다. 사람은 좀처럼 변하거나 달라지지 않는다. 나이를 먹어갈수록 더 그렇다. 내가 참여했던 한 방송 프로그램 제목은 〈우리 가족이 달라졌어요〉다. 오죽 달라지기 힘들면 이런 제목을 붙였을까 싶다. 나는 스스로의 이런 변화가 당황스러우면서 한편 흥미로웠고, 이런 변화의 이유와 배경을 알아보고 싶어졌다.

이 글은 도파를 만나면서 깨달은 나의 무지에 대한 반성문이다. 3마리 개와 함께 사는 소소한 즐거움을 늘어놓는 잡담이고 기록이다. 그리고 마침내 알아낸 정신과 의사의 눈으로 바라본 당신과 당신의 반려견 사이에 존재하는 특별한 시그널, 그 시그널을 만들어내는 호르몬 이야기다. 또한 개라는 동물이 인간의 곁에서 살기로 결정한 순간부터 발전시켜 온 소통과 공감의 능력에 대한 찬사이기도 하다.

　3년 전 도파는 해탈이라는 짝을 만났다. 그리고 둘 사이에서 태어난 가바, 루이, 수호, 니카, 호두, 5마리의 새끼들은 우리집을 포함한 여러 집으로 흩어져 새로운 가족을 만났고, 그 곳에서 넘치는 사랑을 받고 산다.

　이들은 'Yoo house'라는 호적으로 이어진 한 가족이고, 이들의 보호자들 역시 이 개들로 인해 남이 아니다. 종종 한 자리에 모이는 이 대가족을 끈끈하게 이어주는 인연의 줄은 바로 사람과 사람 그리고 개 사이를 연결해주는 그 줄이기도 하다. 우리 곁의 개들과 다같이 오래오래 넘치게 행복하기를 바란다.

가바, 니카, 루이, 해탈, 도파, 수호(왼쪽부터)

『당신과 반려견 사이』
저자 심층 인터뷰

'저자 심층 인터뷰'는 이 책의 심층적 이해를 돕기 위해 편집자가 질문하고 저자가 답하는 형식으로 구성한 것입니다.

Q. 『당신과 반려견 사이』를 소개해주시고, 이 책을 통해 독자들에게 전하고 싶은 메시지가 무엇인지 말씀해주세요.

A. 제목에 있듯 '사이', 즉 관계에 대한 이야기를 하고 싶었습니다. 직업이 정신과 의사다 보니 사람과 사람 사이, 즉 부부나 부모, 자식 혹은 친구 간에도 올바른 관계 맺기에 어려움을 겪는 사람들을 자주 접하게 됩니다. 좋은 관계의 시작은 서로에 대한 이해와 그 이해를 바탕으로 한 올바른 소통에서 출발합니다. 반려견과의 관계 역시 다르지 않습니다. 사람과 달리 개는 우리와 다른 종의 존재입니다. 잘 안다고 생각하지만 실

은 모르는 부분도 많습니다. 저 역시 그랬으니까요. 별로 알려 하지 않고 집안의 가구나 장난감처럼 생각하는 경우도 많습니다. 개를 인간의 시각으로 바라보는 경우도 흔하지요. 개는 인간을 위한 존재가 아니라 오랜 역사와 다양한 개성, 복잡한 감정을 지닌 하나의 생명체입니다. 개에 대해 알고 이해해야만 함께 좋은 관계를 맺는 것이 가능하겠지요. 반려동물로서 개는 사람과 가장 가깝게 지내는 존재이기 때문입니다.

Q. 기존에 출간된 반려견 관련 책들이 많습니다. 이 책만의 차별화 포인트는 무엇인가요?

A. 제 개인적인 경험을 정신과 의사로서 바라보고 그에 대한 해석을 한 부분입니다. 책에서 고백했듯이 저는 원래 개를 좋아하는 사람이 아니었습니다. 하지만 어느 순간 개와 교감을 하는 특별한 경험과 함께 반려견에 대해, 또 반려견과 같이 사는 사람에 대해 정신과 의사로서 하고 싶은 말이 많아졌습니다. 다른 반려인들처럼 저희 집 개들에 대한 자랑을 포함해서 말이지요. 특히 사람과 반려견 사이에 존재하는 특별한 시그널, 그 시그널을 만들어내는 호르몬 이야기 등 개라는 동물이

인간의 곁에서 살기로 결정한 순간부터 발전시켜 온 소통과 공감의 능력을 이야기하고 있습니다.

Q. 반려견 도파의 출산은 매우 특별한 경험이었다고 회고하셨습니다. 그날 느꼈던 감정에 대해 들려주시기 바랍니다.

A. 직업이 의사이다 보니 자식들 출산과정을 모두 지켜볼 수 있었는데 그때와는 또다른 경험을 도파의 출산을 통해 경험했습니다. 도파의 출산 전까지 반려견으로 사랑을 주었다면, 출산 후에는 한 생명으로 존중을 하게 된 것 같습니다. 도파는 출산을 하면서 누구에게도 배운 적 없지만 본능적으로 행하는 위대한 자연의 섭리를 우리 집 발코니에서 펼쳐보였습니다. 정말 감동스러운 모습이었습니다. 자식에게 엄마, 아빠이기만 한 부모도 어린 시절, 청년 시절 등 한 인간으로서의 모습이 존재하듯이 도파는 우리가 던져주는 간식에 몸달아 하는 사랑스러운 애완견으로서 그 존재가치가 있는 게 아니라 스스로의 종을 이어가며 그 자체로 존중받아 마땅한, 지구에 사는 다른 생물이라는 걸 깨달았습니다.

Q. 유년 시절에 행복했던 강아지가 건강한 성견이 된다고 하셨습니다. 자세한 말씀 부탁드립니다.

A. 어린 아이들의 행복한 유년시절은 건강한 자아를 형성하게 해서 성인이 되어 힘든 일을 겪더라도 이를 이겨내는 힘의 원천이 됩니다. 아이들에게 질책보다 사랑과 격려, 칭찬이 필요한 이유입니다. 어린 시절 학대의 경험이 얼마나 큰 그림자를 드리우는지 우리는 많은 사례를 통해 알고 있습니다. 강아지도 다르지 않습니다. 모견, 형제견과 충분한 스킨쉽을 하면서 적절한 환경에서 보살핌을 받은 강아지들은 사람과의 관계에서도 긍정적인 모습을 보이게 됩니다. 또한 성견이 되었을 때 문제 행동을 일으킬 확률도 떨어지게 됩니다.

Q. 세상에 나쁜 개는 없고 도움이 필요한 아픈 개가 있다고 하셨습니다. 아파하는 반려견들을 우리는 어떻게 받아들이고 대처해야 하나요?

A. 기본원칙은 간단합니다. 의사들이 환자들을 치료하는 방법과 같다고 보면 됩니다. 아픈 환자에게 약을 주거나 수술을 통해 병을 낫게 하지, 마음을 고쳐먹고 의지로 이겨내라고 하지는 않지요. 왜 아프냐고 비난을 하지도 않습니다. 중요한 것은 문

제를 해결하기 위해서 정확한 진단이 선행되어야 한다는 점입니다. 개는 사람과 다르기 때문에 무조건 사람의 입장에서 섣부른 판단을 해서도 곤란합니다. 따라서 전문가들의 조언을 구하고 열린 마음으로 문제를 해결하려는 노력이 필요합니다. 또 한 가지 잊지 말아야 할 중요한 점이 있습니다. 모든 환자가 치료를 받는다고 해서 병이 완쾌되는 것은 아니라는 것을 염두에 두어야 합니다. 후유증이 생기기도 하고, 평생을 도움을 받아야 할 수도 있으며, 장애가 생기기도 합니다. 아픈 개들 역시 문제가 해결되지 않거나 혹은 해결하는 데 오랜 시간이 걸릴 수 있다는 점을 잊지 말고 인내를 가져야 한다는 것을 강조하고 싶습니다.

Q. 반려견을 키우기 전과 키운 후의 일상 생활을 비교했을 때 가장 달라지는 점은 무엇일까요?

A. 네 발 달린 동물이 3마리나 집안을 뛰어다니니 굉장히 어수선하고 할 일도 많지만 그만큼 웃을 일도 많아집니다. 집안에 물건을 함부로 늘어놓을 수 없으니 가족 모두 정리정돈도 잘 하게 됩니다. 또한 산책하기를 잊으면 숙제가 밀린 기분이니

게으름을 피우기가 힘듭니다. 무엇보다 가족끼리 대화가 더 많아지는 것이 가장 큰 장점인 것 같습니다. 마치 어린 손자들이 놀러온 명절의 할아버지 댁 같은 분위기라고 표현할 수 있습니다. 다소 어수선하고 산만하지만 매우 활기찹니다. 특히 아이들에게 누군가를 책임지고 돌보는 경험은 좋은 교육이라고 볼 수 있지요. 도파의 새끼들은 엄마인 도파만이 키우는 것이 아니라 우리 가족 모두가 함께 키우는 셈이니 말입니다. 제가 개들을 키우며 음악적인 영감을 얻을 수 있었던 것도 빼놓을 수 없는 장점입니다.

Q. 반려견을 키우는 그 많은 고충에도 불구하고 우리는 반려견을 키웁니다. 반려견이 우리 인간에게 주는 소중한 그 무엇에 대해 말씀해주시기 바랍니다.

A. "인간은 달변으로 말할 수 있지만 대부분 허구적이라 늘 공허하다. 동물은 한정된 것만 말하지만 그것은 모두 진실되고 유용하다. 큰 허구보다 작은 진실이 값지다"라는 레오나르도 다빈치의 말이 있습니다. 이 책을 쓰는 내내 마음에 담았던 구절입니다. 오랜 세월 인간과 가까이 지내온 개들은 인간의 숨

겨진 감정과 그것을 표현하는 몸짓을 본능적으로 잘 알아차립니다. 속상한 일로 혼자 슬픔을 삭히고 있을 때 곁에 다가와 몸을 기대며 위로해주는 건 같이 사는 개입니다. 복잡한 언어의 도움 없이 의사소통을 해야 하는 동물의 언어는 원시적이고 간단하지만 오류가 없고 정확합니다. 그리고 아주 오래된 그 언어를 담고 있는 건 그들의 눈입니다. 우리가 반려견과 서로의 눈을 들여다볼 때 감정적이고 유전적인 유대감이 생겨나는 이유입니다. 그러니 "개가 사람보다 더 위로가 될 때가 있다"고 해도 틀린 말은 아닙니다.

Q. 정작 훈련이 필요한 건 개들이 아니라 사람들이라고 하셨습니다. 우리는 반려견을 키우는 사람으로서 어떤 훈련을 해야 하는 걸까요?

A. 책에서도 언급했듯이 훈련이라기보다 서로에 대해 학습이 필요하다고 생각됩니다. 개들은 사람에 대해 본능적으로 학습을 하겠지만 사람은 공부를 해야 합니다. 그래야 오해에서 생겨나는 문제들을 예방할 수 있으니까요. 개들은 사람을 행복하게 해주기 위해서 다정한 몸짓과 사랑스러운 표정, 신뢰와 충성만으로 충분하겠지만 사람은 개를 행복하게 해주기 위해

서 더 다양한 노력이 필요합니다. 개의 습성에 맞는 사육환경 제공부터 산책이나 놀이, 건강을 돌봐주는 일 등이 되겠지요. 학생들을 가르치기 위해서는 우선 선생이 되기 위해 공부를 열심히 해야 하듯이 반려견을 잘 돌보고 훈련시키기 위해서는 사람이 먼저 공부를 해야 합니다.

Q. 부디 당신과 당신의 개 사이에도 옥시토신의 강이 흐르게 되길 바란다고 하셨습니다. 인간과 개 사이의 소통 혹은 교감에 대해 들려주시기 바랍니다.

A. 흔히 '사랑의 호르몬'으로 불리우는 옥시토신은 뇌의 다양한 부위에서 집중력을 발휘해 긍정적인 사회적 교류를 증진시키고, 혈압과 코티솔 분비량을 적절하게 조절하고, 고통을 이겨내게 만들며, 불안을 낮추어줍니다. 아기에게 수유를 하는 엄마와 아기 사이이거나 사랑하는 연인 사이라면 특별한 노력 없이도 이 호르몬은 왕성하게 분비가 되겠지요. 사람들은 스트레스를 낮추고 기분을 더 좋아지게 하기 위해 젖먹이 아기나 사랑하는 연인 없이 옥시토신 수치를 높이는 방법을 찾아보곤 합니다. 잘 알려진 방법으로 격려의 말, 경청이나 명상,

적당한 운동, 참지 말고 울기, 다른 사람을 돕거나 베풀기 등이 있지만 가장 효과가 확실한 것은 신체적 접촉입니다. 여기에는 성적인 관계뿐만 아니라 포옹, 키스, 애무 등이 다 포함되는데 연인, 가족, 친구 말고도 우리에게는 개가 있습니다. 저는 반려견과 사람 사이의 소통과 교감의 출발은 바로 포유류만이 공유하는 스킨쉽에 있다고 봅니다. 당장 제 경우만 보더라도 저희 개들이 저에게 단지 눈을 마주치거나 꼬리를 흔드는 것만으로 호감을 표하는 것이 아니거든요. 무조건 달려와 저와 신체적 접촉을 하려고 합니다. 손을 핥고 다리를 들이받는 등 다소 좀 거칠더라도 원하는 것은 한 가지입니다. 안아달라는 것이지요. 그 접촉의 순간이 바로 옥시토신이 분비되면서 특별한 소통이 이루어지는 그때인 것입니다.

Q. 반려견을 키우고 싶어하는, 또는 키우고 있는 반려인들에게 꼭 해주고 싶은 이야기가 있다면 말씀해주세요.

A. 사랑에는 책임이 따릅니다. 그 책임은 결코 가볍지도, 쉽지도 않습니다. 때로는 많은 불편을 감수해야 하고, 경우에 따라 적지 않은 희생을 요구받기도 합니다. 돈도 비용도 시간도 할애

해야 하고, 무엇보다 나의 일상을 변화시켜야 합니다. 반려견을 키우고 싶어 한다면 당신의 노력과 희생과 사랑에 그만한 여유가 있는지 살펴보고, 만약 있다면 그 대상이 왜 주변 사람이 아닌 반려견이어야 하는지 깊이 고민하기를 권합니다. 이미 반려견을 키우고 있는 분이라면 당신이 책임지고 있는 존재가 얼마나 약하고 취약한 존재인지, 당신의 도움이 없다면 얼마나 불행해질지를 잊지 말라고 당부하고 싶습니다. 그래서 나중에 반려견이 귀찮아지더라도 소홀해져서도, 포기해서도 안 된다는 것을 말씀드리고 싶습니다.

CHAPTER 01

신발 먹는 도파

개를 좋아하지 않던 나인데 개와 함께 살아야 하는 날이 생겨버렸다. 예상대로 그 모든 시간이 곤혹스럽고 불편했다. 반려견과의 동거가 통 익숙해지지 않던 나에게도 어느 날 한눈에 반한 특별한 개가 생겨버렸다. 낯선 이름, 베들링턴 테리어 도파! 도파는 내가 침대에서 처음으로 함께 잔 강아지였고 반려견에 대해 관찰하고 성찰하게 만들었다. 그뿐만이 아니다. 도파는 5마리의 예쁜 강아지까지 우리 집 식구에 보태서 이제 우리 집은 무려 7마리의 반려견이 득실거리는 대가족이 되었다.

도파와 니카 모녀

무엇이든 대칭을 이뤄야 하는 이 모녀는 어쩌면 강박장애일지도 모른다

그럼에도 불구하고 나는 개를 좋아한다

정확하게 이야기하자면 도파와 니카를 좋아한다.

내가 제일 좋아하는 옆으로 힐끔 보는 눈동자

(그걸 보고 싶어 누워 있는 도파 주변을 일부러 빙빙 돈 적도 있다),

허리부터 요동치며 흔들리는 꼬리,

살며시 다가와 은근히 체중을 기대는 몸짓,

모녀가 똑같은 포즈로 거실에 깔개처럼 누워 있는 모습 등

일일이 설명하기도 쉽지 않다.

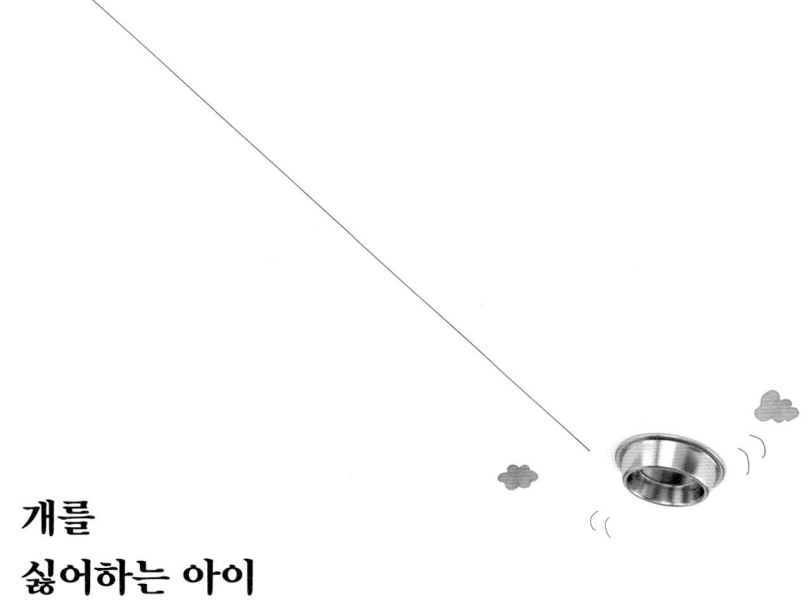

개를
싫어하는 아이

뭔지는 몰라도 분명히 내게 할 말이 많은 눈이다. 2013년 2월 26일, 그렇게 그 갈색 털 뭉치는 내 품에 쏙 안긴 채 우리 집으로 왔다.

누구나 첫 만남이 중요하다. 내가 기억하는 첫 번째 개는 어린 시절 우리 집 마당의 추억이 담긴 메리다. 하지만 아직까지도 잊을 수 없는 개는 나를 문 개다. 초등학교 5학년 때의 일이다. 할머니 손에 이끌려 작은아버지 댁에 갔다가 그 집 마당의 개에게 왼쪽 정강이를 물렸다. 물려서 우는 나보다 놀란 할머니 비명이 더 컸고, 개는 그보다 더 크게 짖었다. 지금도 사납게 짖던 개의 얼굴이 기억난다. 아픔은 뒤늦게 밀려온다. 원래 정강이를 차이면 다른 곳보다 훨씬 아프다. 피하지방이나 근육이 별로 없는 부위여서 충격을 완화해주지 못한다. 대략 10개 정도의 이빨 자국이 선명하게 피멍으로 남았고, 광견병 주사를 맞힌다고 한바탕 소란이 벌어졌다. 다행인 건 그 일 때문에 나에게 개공포증 cynophobia 같은 게 생기지는 않았다. 무서워한 건 아니었지만 그냥 개가 싫어졌다.

낯선 이름, 베들링턴 테리어

시작은 설명하기 어렵다. 특별한 사건이 있었던 것도 아니고, 기억나는 순간이 있는 것도 아니다. 내가 왜 갑자기 그 개에게 관심이 생겼는지 말이다. 진료실 책상 맞은편의 A씨와 나는 오늘도 베들링턴 테리어 Bedlington Terrier에 대해 이야기를 나누는 중이다. 지난 수개월간 공황장애의 치료 경과는 말할 수 없이 좋은 터라 요즘은 면담 시간의 대부분을 그 분의 반려견 이야기로 보낸다. 어떤 때는 A씨의 공황장애가 크게 호전된 것은 내 치료 때문이 아니라 그 개 덕분이 아닐까 싶을 정도다.

A씨에 의하면 그의 개(라고 쓰고 아들이라고 부른다)는 진정한 소울

메이트이고, 특별한 위로를 주며 무엇과도 바꿀 수 없는 소중한 존재다. 주치의로서 장담컨대 반려견에 지나치게 애정을 쏟는 사람들이 가질 수 있는 정서적 결핍이 아니다. 요크셔 테리어와 포메라니안도 구분 못해 가족들로부터 대놓고 바보 취급을 당하는 나에게는 이름부터 생소한 개다. A씨와 면담을 끝낸 어느 날 궁금해서 한번 찾아봤다. '아! 엄청 특이하게 생겼구나' '눈이 사람 같네!' 왠지 이 견종에 호기심이 생긴다.

2013년 2월의 어느날

2013년 마지막 추위가 아직도 한겨울인 2월 어느 날, 나는 마지막으로 상황을 점검하고 아내에게 전화를 걸었다. 그날의 통화에 대해 아내가 처제에게 했던 이야기를 옮겨보면 다음과 같다.

"뜬금없이 나보고 베들링턴 테리어라는 개를 아느냐고 묻는데 당연히 모르지. 왜 그러냐니까, 한번 키워볼까 한다는 거야. 뭔 소리인가 싶었지만 일단 나는 좋다며 전화 끊고 후다닥 검색을 했더니 처음 보는 양같이 생긴 갠데 실물은 한번도 본 적이 없는 특이한 개더라고. 근데 더 웃긴 건 뭔지 아니? 작은 개가 아닌 거야. 다 크면 10kg이 나간대. 게다가 테리어야. 그게 무슨 뜻인지 알지? 사냥개라는 거 아냐. 엄청 뛰어야 하는 개지. 헐, 게다가 특징에 뭐라고 써 있는지 아니? 산책 갈 때 튼튼한 줄을 단단히 잡으라고 되어 있어. 어마어마하게 빨라서 줄 놓치면 제 발로 돌아오기 전에 잡을 방법이 없대. 다른 사람도 아니고 너희 형부가 이런 개를 키우자고 하다니 너 같으면 믿어져?"

뭐 이런 반응을 대충 예상은 한 터다. 갑자기 개를 키우겠다는 남편에 대한 의아함보다 새로운 강아지에 대한 관심이 500배는 더 큰 아내가 무조건 협조할 거라는 것까지 포함해서 말이다. 실은 아내에게 전화하기 전 나는 이미 이 특이한 강아지를 데려올 수 있는 곳이 어디인지, 현재 분양 가능한 강아지가 몇 마리인지 싹 다 알아본 터였다. 솔직히 말하면 강아지들의 사진까지 받아보고 그 중 한 마리를 마음속에 찜해놓은 상태였다. 이제 당황한 아내가 새로운 강아지에 대한 흥분을 가라앉히고 폭풍질문을 시작하기 전에 다음 진도를 나가야만 한다.

갈색 털뭉치
강아지

작은 유리문 너머 내 주먹을 2개 합쳐 놓은 것 만한 갈색 털 뭉치가 나와 눈이 마주쳤다. 곱슬거리는 부드러운 밤색 털 위로 팥죽색 코, 하얀 흰자위에 갈색 눈동자. 내가 데려오기로 한 짙은 갈색의 암컷 강아지다. '너로구나!' 나는 그렇게 얼마 후 도파로 불리게 될 그 녀석과 만났다.

이런 문제에 관한 한 아내는 신속하고 단호하고 유능하다. 강아지 몸값을 협상하고, 필요한 용품을 챙기고, 계약서를 쓰고, 유사시 상황에 대한 다짐을 받고 등등 일을 처리하는 동안 나는 작은 갈색 털뭉치의 눈을 들여다 봤다. 이상했다. 내가 아는 개의 눈과 어딘가 많이 달랐다. '이게 뭐지? 왜 꼭 사람하고 눈을 마주치는 느낌이 들지?' 뭔지는 몰라도 분명히 나에게 할 말이 많은 눈이다. 그래, 앞으로 시간은 많으니까 천천히 알 수 있겠지. 2013년 2월 24일, 그렇게 그 갈색 털 뭉치는 내 품에 쏙 안긴 채 우리 집으로 왔다.

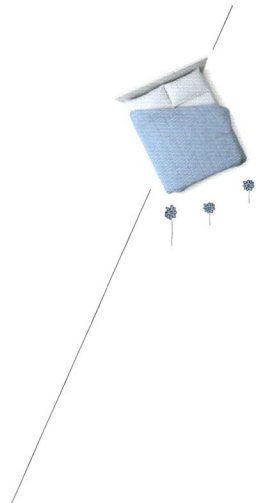

침대 위의
늑대

2012년 12월 26일 태어난 도파는 그렇게 우리 가족이 되었고, 매일 밤 침대 위 내 옆에 누워 체온을 나눈다. 도파는 내 침대를 내어준 첫 번째 늑대의 후손이다.

난 당신을 모른다. 하지만 확실하게 알고 있는 한 가지가 있다. 대를 거듭해온 당신의 조상 중 단 한 사람이라도 처녀·총각 시절 죽음을 맞았다면 당신도 나도 존재할 수 없다는 거다. 그러니 잠깐 생각해보아도 당신과 나 그리고 우리가 마주하는 수많은 존재들은 그 자체만으로도 기적이다. 지금 침대에 누워 모처럼 꿀 같은 휴식을 즐기려고 하는 내 배 위에 머리를 얹고 나를 깔개 삼아 누워 있는 강아지를 포함해서 말이다. 이 글을 읽는 어떤 이들의 발치나 무릎 위에 어쩌면 있을지 모르는 개들과 당신과의 인연 역시 엄청나게 긴 세월 동안 축적되어 온 대단한 우연과 필연의 산물인 것이다.

아무튼 난 일말의 주저함이나 계산 따위 없이 너무나 당연하게 나를 깔고 앉거나(제발 그 엉덩이를 내 머리 쪽으로만 안 해주면 고맙겠다), 옆구리를 파고 들어도 된다고 생각하는 내 반려견을 쳐다보며 이런 생각을 하게 되었다. 그런 것이 아니라면 이건 너무 당당하지 않은가.

도파의
5만 대 조상

10만 년 전 나의 조상은 나와 비슷한 생김새였다. 대략 20년 단위로 세대를 거듭했다고 가정하면(실은 그보다 더 적은 나이였겠지만), 나의 5천 대 조상님일 것이다. 그렇다면 내 옆에서 졸고 있는 도파의 10만 년 전 조상은 어떻게 생겼을까? 2년마다 세대를 거듭한 것으로 계산하면 도파의 5만 대 조상이다. 분명 도파와는 판이하게 다른 모습을 하고 있었을 것이다. 바로 원시 늑대다. 개과의 계통도를 보면, 약 4천만 년 전에 나무를 타며 살았던 육식동물인 미아키스^{Miacis}에서 키노딕티스^{Cynodictis}, 키노데스무스^{Cynodesmus}를 거쳐 최종적으로 여우·늑대·재칼·개의 조상인 토마르크투스^{Tomarctus}로 이어진다. 개와 늑대는 인간과 침팬지처럼 공통조상을 갖고 있다.

이런! 그러고 보니 같은 시기에 살던 나의 5천대 조상과 도파의 5만대 조상은 친하지 않았다. 도파의 조상은 나의 조상을 먹잇감으로 생각했고, 나의 까마득한 할아버지는 도파의 아주 먼 할아버지를 가족의 안전을 위협하는 적으로 인식했을 것이다. 도대체 언제부터 도파의 조상은 늑대와 헤어지고 인간과 친하게 지내기로 한 걸까?

고양이를 좋아하는 분들에게는 미안한 이야기지만 나는 별로 고양이를 좋아하지 않는다. 어린 시절 개에게는 물려봤어도 고양이와는 딱히 안 좋은 경험이 없는데도 말이다. 어린 시절 읽었던 에드거 앨런 포의 『검은 고양이』가 너무 무서웠었나? 아니면 고양이는 불길하고 복수를 한다고 철썩 같이 믿던 할머니 때문인가? 우는 소리도 갓난아기가 아파서 내는 신음소리 같은데 하악질 할 때의 쉿소리는 더 신경을 긁는다. 얼굴에서도 호랑이가 연상된다. 특히 불편한 건 눈인데 얇은 세로 동공은 보는 순간 섬뜩하다. 이런 눈은 소형 고양이과 동물을 제외하면 뱀 같은 파충류나 가지고 있다. 〈헬로키티〉, 〈도라에몽〉, 〈이웃집 토토로〉에 등장하는 고양이의 얼굴은 한없이 사랑스럽지만 가짜다. 진짜 고양이를 만나면

CHAPTER 01 신발 먹는 도파 33

내 뇌에는 바로 '불쾌해' '다가오지 마'라는 경계 모드가 작동된다. 그런데 내가 이렇게 된 이유는 내 탓이 아니다. 곧 이유를 설명하겠다.

고양이 중에 토이거Toyger라는 품종이 있다. 오렌지빛 털과 검은 줄무늬, 매끈한 몸을 가진 토이거는 모습만 보면 영락없는 미니 호랑이다. 호랑이와 비슷한 줄무늬를 가진 고양이를 반복 교배해 만든 개량종이라고 한다. 늑대인간 얼굴을 떠올리게 하는 라이코이Lykoi라는 돌연변이 품종도 사람들의 관심을 끌고 있단다. 고양이도 싫은 나는 토이거든 라이코이든 사진만 봐도 머리가 쭈뼛 선다. 나는 왜 이렇게 고양이가 불편할까?

전공의 시절, 너무 재미있어서 감탄을 연발하며 공부했던 저명한 동물행동학자 콘라트 로렌츠 교수의 연구가 있다. 갓 부화해서 눈도 뜨지 못한 새끼 새들의 머리 위로 빛을 비추고, 독수리 같은 천적의 모형을 만들어 지나가게 하면 그림자만으로도 공포 반응을 보인다는 연구다. 새끼 새들의 뇌에 천적에 대한 정보가 출생 전부터 프로그램되어 있기 때문에 나오는 결과다.

현대 정신의학에서 다루는 대부분의 공포증은 학습에 의한 것이지만 인간의 DNA에는 원시조상 때부터 내려오는 프로그램된 영역이 있다. 인류가 진화하는 오랜 시간 내내 고양이과나 개과 동물들은 모두 인간의 천적이었다. 아마도 나의 5천 대 조상은 개과 동물들보다 고양이과 동물들에게 더 공격을 많이 받았었나 보다. 내가 내 정강이를 문 개보다 할퀸 적도 없는 고양이를 더 싫어하는 건 나의 의지와는 상관 없는 일이다. 내가 아주 먼 조상으로부터 물려받은 DNA의 문제다.

내 침대 위의 늑대

내가 데려온 강아지는 인터넷에서 찾아본 베들링턴 테리어와는 하나도 안 닮았다. 리버[베들링턴 테리어는 털색에 따라 청색(blue), 적갈색(liver), 옅은 황갈색(sandy)으로 나뉘는데 성견이 되면 털이 하얗게 변해 주로 코 색깔로 구분한다]인 도파는 테디베어 같은 곱슬거리는 갈색 털에 체구도 작다. 이 강아지가 크면 내가 사진으로 본 그 베들링턴 테리어가 된다는 게 영 믿기지가 않았다. 하긴 우리 아들도 애기 때 모습과 지금은….

영국 베들링턴 지방의 테리어 종을 휘핏이나 오터 하운드와 교배시켜 나온 베들링턴 테리어는 오소리 사냥을 돕던 사냥개 출신이다. 강한 체력과 끈기, 잘 달리는 개의 특징인 아치형 굽은 등과 긴 다리를 가졌다지만 지금 내 눈앞에 꼬마는 가엾게도 다섯 번째 묽은 똥을 싸는 중이다. 어린 강아지의 설사는 탈수로 연결될 수 있어 매우 위험하지만 걱정 안 해도 된다. 우리 집에는 수의사도 포기하라던 개 홍역에 걸린 강아지를 살려낸 아내가 있다. 미지근한 보리차에 약간의 당분, 이온음료와 물을 먹이기 용이한 주사기 등이 등장했고 아내가 능숙한 솜씨로 강아지에게 수분을 공급하는 동안 진짜 의사인 나에게도 임무가 주어졌다. 아기용 물 티슈 사오기나 똥 묻은 패드를 비닐봉지에 꽁꽁 싸서 버리기 같은 일 말이다.

다음날 퇴근해 집에 오니 응가 냄새 나던 갈색 털뭉치 꼬마는 입에서 꼴꼴 한약 냄새(이건 나중에 설명을 하기로)를 풍기는 씩씩한 강아지가 되어 활기차게 뛰어다니고, 그 뒤를 걸레를 든 아내가 따라다니고 있었다. 아기와 강아지의 공통점은 자주 먹고 자주 싼다는 것이고, 차이점은 움직이지도 못하고 버둥거리는 게 전부인 아기들은 기저귀까지 차고 있는 반면 강아지는 기저귀도 안 찬 주제에 네 발로 사방을 돌아다닌다는 점이다.

도파는 짖는 소리 한번 듣기 힘든 얌전한 강아지였고, 표정이 늘 순했고, 몸짓이 다정했다. 그리고 여전히 나를 매료시킨 그 눈동자의 위력은 커져만 가서 어느 날 저녁, 강아지 방석에 도파와 코를 대고 누워있다가 빨래더미를 들고 가던 아내에게 걷어차이는 일까지 생겼다.

도파가 우리 집에 온 지 3주, 날은 아직 쌀쌀했지만 난 도파를 안고 또 현관을 나섰다. 아내는 애견샵이 틀림없이 개월 수를 늘려 말했을 거라며, 아직 2개월도 안 된 강아지가 분명하다고, 예방

/ 침대 위 늑대 3마리(좌로부터 도파, 큰딸 가바, 넷째 딸 니카) /
우리 개들이 집에서 가장 좋아하는 장소는
볕이 내려 쬐는 발코니 앞 창가도, 몸을 숨기기 좋은 소파 밑도,
건체공학(?)적으로 만들어진 푹신한 전용 스누저(개 침대)도 아닌 내 침대 위다.

접종도 안 한 강아지를 밖에 데리고 나가면 안 된다고 잔소리를 하지만 도파에게 바깥 공기의 냄새를 맡게 해주고 싶었고, 꽃도 보여줘야 했다. 무엇보다 내 스웨터 속에 넣었을 때 나를 올려다 보는 그 각도, 그 눈 마주침을 즐기고 싶어서 틈만 나면 도파를 안고 산보를 나갔다.

정말 조그맣던 도파는 아내가 도대체 뭘 먹여 키우는지 섭섭할 만큼 빨리 자라났고 더 이상 내 스웨터 앞섶에 넣는 것은 불가능한 크기가 되었지만 대신 목줄을 하고 씩씩하게 같이 걷는 즐거움이 생겼다. 가을이 될 때쯤 갈색 털은 다 사라지고 도파는 곱슬거리는 하얀 털의 아름다운 베들링턴 테리어가 되었다.

도파를 마주친 사람들은 "양 아니예요?"라고 놀라서 물어본다 (솔직히 내 눈에도 양처럼 보인다). 그럴 때마다 나는 속으로 생각했다. '양을 잡아먹던 늑대의 후예인데 무슨 섭섭한 소리를!' 모습은 달라졌어도 나를 바라보는 도파의 그윽한 눈길만은 처음 봤던 그 순간과 하나도 달라지지 않고 그대로였다.

2012년 12월 26일 태어난 도파는 그렇게 우리의 가족이 되었고, 매일 밤 침대 위 내 옆에 누워 체온을 나눈다. 도파는 내 침대를 내어준 첫 번째 늑대의 후손이다. 나의 5천 대 조상이 이 모습을 본다면 얼마나 어처구니 없어 하실까?

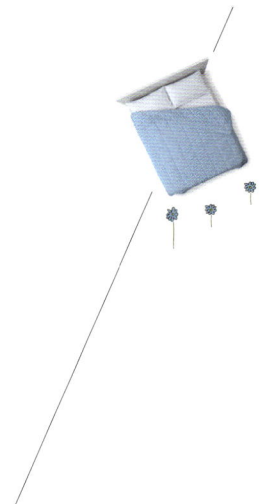

새로운 가족 -
견사호 of Yoo house 패밀리

도파는 지구상에서 인간과 가장 친밀한 관계를 유지하며 스스로의 종을 이어가고 있는, 존중받아 마땅한 식육목 개과의 포유류로 호모 사피엔스의 가장 오랜 벗이다.

 우리 집 냉장고 문에 초음파 사진이 붙어있다. 보통 산모수첩 첫 페이지에 붙이는 바로 그 사진이다. 브라보! 도파가 임신에 성공을 한 것이다. 아이들은 초음파 사진을 보고 못내 신기한 표정이다. 이제 고작 2살 반인 어린 것이 새끼를 가졌다니 기특하기도 하고 안쓰럽기도 하면서도 살짝 서운하기도 하다. 설마 딸 시집 보내는 날, 아빠들이 아닌 척해도 숨길 수 없다는 바로 그건가? 그런데 아내의 표정도 나만큼 복잡하다.

"당신 무슨 일 있어? 수의사가 뭐래? 다 정상이래?"

"보고 있으니 좀 뭉클해서. 기특하기도 하고. 새끼들이 태어나면 얼마나 이쁠까?"

내 아내는 손주들 봐줄 거라고는 꿈도 꾸지 말라고 시집, 장가 갈 날이 아득한 아이들에게 벌써부터 으름장을 놓는 사람이다. 우리 가족이 냉장고 문에 코를 박고 사진을 들여다보며 이런 어이없는 대화를 나누는 사이, 임신 3주차 도파는 찍찍이 장난감을 물고 평소처럼 가열차게 뛰어논다. 저 녀석은 자기한테 무슨 일이 생겼는지 알긴 할까?

도파, 정혼자가 생기다

도파가 2살이 되자 우리는 도파에게 짝을 맺어주기로 했다. 가족들이 오랜 고민 끝에 내린 결정이었다. 도파가 짝이 생긴다는 건 새끼들이 생긴다는 걸 의미한다. 우리 집에는 도파 말고도 세로토라는 반려견이 있었다. 이미 키우는 개가 2마리다 보니 결정이 쉽지만은 않았다. 결혼 전 친정에서 키우던 반려견의 새끼를 받아본 경험이 있는 아내의 반대가 특히 심했다. 막상 새끼가 태어나면 단 한 마리도 다른 집에 보내기 싫어진다는 거다. 중형견인 도파는 최소한 4~5마리의 새끼를 낳을 텐데 개 7마리를 어떻게 키우냐는 말에 무조건 밀어 부칠 수도 없었다. "지 새끼니까 지가 키우겠지"라고 했다가 도파랑 같이 쫓겨날 뻔 했다. 그렇다. 도파를 시집 보내자고 한 건 바로 나다.

그리고 거기에는 공범이 있었다. 해탈이 아빠다. 으리으리한 혈통을 자랑하는 GREEN ZONE 가문의 베들링턴 테리어 해탈이의 보호자는 나의 지인이다. 베들링턴 테리어로 의기 투합한 우리는 진작부터 사돈을 맺기로 하고 호시탐탐 때만 기다리고 있던 터다. 이번에는 아이들이 내 편이 되어주었고, 12가지도 넘는 공약을 남발한 끝에 아내의 양보를 받아냈다. 그렇게 도파와 해탈이는 양가를 한번씩 오가며 합방을 했고 임신에 성공했다. 양쪽 집안 모두에게 큰 경사였다. 곧 강아지들이 태어나게 될 것이다.

도움 안 되는
산부인과 의사

개들의 임신 기간은 60일에서 65일, 보통 2번 교미를 시키는데 첫 번째 교미한 날을 기준으로 두 달 정도면 출산을 하게 된다. 출산 예정일이 다가올수록 알아야 할 것도, 챙겨야 할 것도 늘어갔다. 동시에 걱정과 불안도 부풀어가는 도파 배처럼 커갔다.

남편이 의사인데 뭐가 걱정이냐고 큰소리를 치긴 했지만 막상 아내가 출산시 필요한 준비물 목록을 수의사한테 받아와 내게 들이밀자 즉각 친구에게 전화부터 걸었다. 물론 저명한 산부인과 전문의인 훌륭한 친구다. 물건도 구하고 덤으로 뭔가 응급상황시 도움이 될 만한 조언도 얻을 심산이었다. 운이 좋은 건지 나쁜 건지 나는 인턴 시절, 아기를 받아본 경험이 없다. 만에 하나 난산이라도 하게 되면 이만저만 곤란해지는 게 아닐 터였다.

그런데 산부인과 전문의인 내 친구 반응이 더 황당하다. "야! 왜 집에서 애를 받아? 애는 병원에서 낳아야지. 개들은 병원에 입원 안 시키나?" 어떻게 집에서 새끼를 받냐며 말끝을 흐리는 친구와의 통화는 "됐고, 소독장갑이나 퀵으로 보내"라는 부탁으로 소득 없이 끝났다.

개들은 새끼를 한번에 우르르 낳지 않는다. 자궁이 2개(쌍각자궁)라 새끼들이 시차를 두고 나오는데 보통 출산 간격이 한 시간씩 벌어지기도 한단다. 출산 전 새끼가 몇 마리인지 확인하는 게 그래서 중요하다고 수의사가 두 번째 초음파 촬영 청구서를 들고 마뜩찮아 하는 아내에게 한 말이다. 혹여 배속에 새끼가 남은 채 탈진이라도 하면 어미 개까지 목숨을 잃게 된다. 문제는 제왕절개를 하지 않는 한 밤새 새끼를 받아주는 병원은 없다는 거다. 그래서 도파는 집에서 새끼를 낳아야 한다. 새끼를 받고 갈무리 해줄 노련한 산파 개도 없고, 산모를 진정시켜줄 친정 엄마 개도 없다. 같이 사는 세로토는 나이만 먹었지 출산은커녕 연애 경험도 없으니 도움이 될 리 만무하다. 게다가 도파는 첫 출산이다.

역시 어설픈 산부인과 내 친구나 정신과 전문의인 나보다는 출산 경험이 있는 아내가 더 든든하다. 아내는 출산에 맞춰 살이 너무 찌지 않게 식단 조절도 하고, 산모에게 좋다는 영양제도 챙겨 먹였다. 출산 2주를 앞두고 털까지 싹 밀어버린 통에 배가 부른 도파는 핑크색 돼지처럼 보였지만 새끼들의 움직임도, 도파의 신체 변화도 훨씬 관찰하기 편해졌다. 무엇보다 출산 후 수유나 위생관리를 생각하면 여러모로 현명한 결정이었다. 애 낳고 머리 한번 시원하게 감지 못해 괴로워하던 아내가 아니라면 이런 똑똑한 생각을 해냈을 리가 있겠는가.

안방 발코니 통풍이 잘되는 곳에 산실을 만들었다. 차분히 준비하던 아내도 도파가 막상 60일을 넘어서서 66일째가 되어도 출산기미가 안 보이자 몹시 불안해하기 시작했다. 아내가 세 번째 초음파 사진을 찍게 한 주치의의 개인 연락처를 기어이 받아내고 (나도 친절한 의사지만 환자에게 내 개인 전화번호를 알려주지는 않는다), 관련 업계 종사자라는 별로 친하지도 않다던 초등학교 동창이 영양제 한번 챙겨준 죄로 밤 11시에 전화로 닦달을 당할 즈음이었다.

사람의 출산은
지켜보았지만

　드디어 도파가 산통을 느끼는지 빙글빙글 거실을 돌다가 산실로 들어가 웅크리고 앉는다. 2015년 7월 27일 자정을 조금 넘긴 시간, 도파의 출산이 시작되었다. 도파는 오른쪽 자궁에 2마리, 왼쪽 자궁에 3마리, 총 5마리의 새끼를 가졌다. 초음파 사진 측정상 새끼들 머리 크기가 자연분만을 하는 데 큰 문제는 없는 것으로 보이지만 초산이고 머릿수가 많다 보니 막상 일이 닥치자 머릿속에 떠오르는 만약의 경우의 수가 기하급수적으로 늘어갔다. 아무튼 그럴수록 가족들 앞에서 아빠는 믿음직스러운 의사답게 침착함을 유지해야 한다.

　문득 2007년 12월 31일의 기억이 떠오른다. 한 해의 마지막 일을 마치고 퇴근한 나를 기다리고 있는 건 송년 케익이 아니라 꾀죄죄한 낯선 강아지였다. 아내와 딸은 의논도 없이 일을 벌여놓고 (서두에 말했듯이 나는 개를 좋아하는 사람이 아니었다) 안락사를 하루 앞둔 녀석이 너무 불쌍해 데려왔다며 내 눈치만 살핀다. 어이 없었지만 오늘은 한 해의 마지막 날이 아닌가 하는 생각에 입을 닫았다.

　그런데 우리 집에 온 바로 그날 이 녀석은 의자에서 내려오다 미끄러지더니 다리가 골절되어 버렸다. 어지간한 강아지도 쉽게 뛰어내릴 어이없는 높이였지만 유기견이던 녀석은 덩치와 달리 영양상태가 너무 부실했던 것이다. 불쌍한 이 강아지는 첫날 낯선 환경에서 오는 극도의 불안감에 부러진 다리의 통증까지 더해 어마어마한 비명을 질러대기 시작했고, 놀란 아내는 손도 못 대고 발만 동동 굴렀다.

급한 대로 두꺼운 종이로 부목을 만들어 부러진 다리를 단단하게 고정하자 통증이 잦아든 강아지의 비명이 멈췄다. 덕분에 가족이 다 같이 새해 첫날을 24시간 동물병원 대기실에서 맞이해야 했지만 아빠의 실력에 새삼 놀라워하는 가족들 덕에 기분이 나쁘지만은 않았다. 수의사가 "부목 누가 했는지 솜씨가 좋으시네. 아빠가 의무병 출신인가 봐요?" 하기 전까지는 말이다.

직업이 직업인지라 사람의 출산은 여러 번 지켜보았지만 개의 출산은 처음이었다. 긴장의 순간을 깨고 '캥' 하는 딱 한번의 짖음과 함께 첫 번째 새끼가 모습을 드러냈다. 양막에 쌓인 채 윤기가 흐르는 까맣고 작은 녀석이다. 두 번째 새끼는 그 후 한 시간 만에, 그리고 다시 한 시간 반을 기다려 다른 자궁에 있던 세 번째와 네 번째 새끼는 크게 터울 없이 나와줬고, 마지막 다섯째까지 태어났을 때 시계는 새벽 5시 반을 가리키고 있었다.

밤을 꼬박 새운 가족 모두 그제서야 안도의 한숨을 쉬었지만 아무도 자러 갈 생각을 안 했다. 갓 태어난 새끼들에게서 눈을 뗄 수 없어 다들 벅찬 마음으로 한참을 그대로 있었다.

위대한
본능

도파의 출산은 나는 물론이고 우리 가족 모두에게 결코 잊을 수 없는 매우 특별한 경험이 되었다. 뭐랄까, 나 자신이 지구의 다양한 생물군의 일원으로서 인문학적 자각 내지는 성찰을 느꼈다고 해야 할까? 자정을 넘겨 다음날 새벽까지 5마리 새끼를 출산하는 과정에서 도파가 보여준 모성의 위대함과 고결함은 말로 표현할 수 없는 감동, 그 자체였다. 과장이 심하다고?

외과용 수술장갑을 끼고 소독된 탈지면을 든 채 발코니 산실 앞에서 대기하던 우리 부부가 도파의 출산 과정에서 할 수 있는 일은 정말이지 아무것도 없었다. 고작 "아" "어머나" "세상에" 등등 의미 없는 단말마의 추임새가 전부였다. 도파는 마치 새끼를 12번은 낳아본 능숙한 모견처럼 새끼가 나오자 탯줄을 끊고, 양막을 벗기고, 태반과 함께 구역질을 해가면서도 씹어 삼켰다(몸에 안 좋을까 싶어 뺏을 틈도 없었다). 새끼를 핥아 호흡을 확인하고, 누가 볼 새라 품으로 끌어들여 젖을 물렸다. 그렇게 5마리 새끼를 다 챙겼다.

도파의 유전자 깊숙이 각인된, 태어나서 누구에게도 배운 적 없지만 본능적으로 행해지는 위대한 자연의 섭리를 나는 TV가 아닌 우리 집 발코니에서 목도한 것이다.

첨단 항공기술 따위 없이도 연간 7만 9천km를 날아 북극과 남극을 오가는 고작 125g에 불과한 북극제비갈매기나 보급품도 없이 4개월을 눈 외에는 아무것도 먹지 않고 알 또는 새끼를 품으며 집단 허들링으로 영하 80도의 추위를 이겨내는 아빠 황제펭귄들을 보면 자연의 위대함에 절로 고개가 숙여진다. 그러나 그런 감동적인 자연 다큐멘터리가 아니어도 도파가 보여준 일련의 행동들은 우리 가족에게 큰 울림을 주었다.

출산 과정 내내 자신이 해야 할 일을 정확히 알고, 서툴고 힘들지언정 스스로 해내며 우리에게 작은 간섭조차 허용하지 않았던 도파는 더 이상 예전의 그 강아지가 아니었다. 나는 처음 보는 도파의 이런 모습이 경이로움과 동시에 너무 낯설었다. 이 멋진 동물은 지금 막 순산한 5마리의 새끼에게 젖을 물린 채 당당하게 누워 출산 후 나른한 피곤함과 새끼들을 품에 안은 성취감을 만끽하는 중이다. 도파는 우리가 던져주는 작은 간식에 몸달아 하는 우리 집의 사랑스러운 애완견으로서 그 존재 가치가 있는 게 아니었다.

도파는 오랜 기간 인간과 더불어 살면서 인간에게 도움을 주고 또 도움을 받으며 지구상에서 인간과 가장 친밀한 관계를 유지하며 스스로의 종을 이어가고 있는, 존중받아 마땅한 식육목 개과의 포유류로 학명은 'Canis lupus familiaris'이다. 그들은 호모 사피엔스의 가장 오랜 벗이다.

*Dopa*를 노래하다

Family I

2017년 4월 Melon 운영사인 카카오M(舊 로엔터테인먼트)을 통해 〈Family I〉 앨범을 출시했다. 'Dopa Ate My Shoes'라는 곡은 이 앨범의 타이틀이다. 밴드이름은 '가바펀치(GABA Punch)'다. 가바를 특히 예뻐했던 딸이 밴드 이름을 지었다. 2018년 11월 말에는 Dopa RMX(리믹스 버전)이 포함된 EP 앨범 〈Memories〉가 출시 예정이다.

DOPA Ate My Shoes / DOPA RMX
신발을 뜯어도 마냥 예쁜 도파에 대한 애정을 담은 노래다.

스마트폰에서 QR 코드 스캐너 앱을 설치하고,
위 QR 코드를 읽으면 노래를 들을 수 있다.

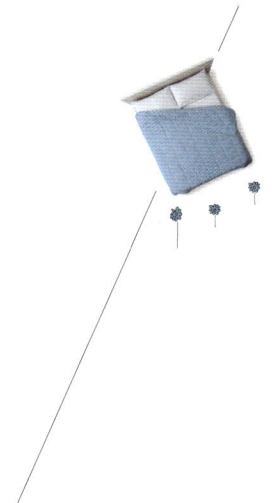

누가 팥죽코인가?
- 좌충우돌 양육기

새끼들이 태어난 지 1년 되던 2016년 7월, 합동 돌 잔치가 열렸다. 여기 모인 모두가 Yoo house 패밀리로 맺어진 대가족이다.

예전에 누가 그런 말을 했더라? 아기는 배 속에 있을 때가 가장 편했다고 말이다. 이런, 아무래도 아내인 것 같다. 요즘 젊은 아빠들은 안 그런다지만 원래 내 또래 중년 남자들에게 육아란 그저 아내의 몫이거나 장모님 또는 어머니의 일이었다. 그래도 나는 아기 울음소리에 잠을 설쳤다고 짜증을 부리는 몰상식한 남편은 아니었다고 생각한다.

아이야 그렇게 어리버리 넘어갔지만 이번에는 경우가 좀 다르다. 도파가 새끼를 5마리나 낳게 만든 건 전적으로 나의 제안이었으니 새끼들을 돌보는 일을 나 몰라라 할 수는 없을 거라고 미리 각오는 하고 있었다. 아내가 구경만 하는 내 꼴을 봐줄 리가 없다는 뜻이다. 게다가 출산시 딱히 의사로서 인상적인 활약을 선보인 게 없는 관계로, 강아지 육아에서 열외를 인정받기는 애당초에 텄다고 보아야 했다. 도파의 출산이 가져온 감동의 쓰나미가 물러가자 대신 어머어마한 일거리가 몰려왔다. 이제부터 가족 모두 팔을 걷어 붙이고 어린 엄마인 도파를 도와 강아지들을 잘 키워내야만 한다.

공주 둘, 왕자 셋

일단 아내는 외출을 못한다. 맘 같아서는 나도 집에 있고 싶다. 아, 이래서 육아휴가가 필요한 거였군. 열거하자면 산모가 새끼들에게 젖을 잘 먹이려면 영양분이 풍부하지만 살이 안 찌도록 적절한 칼로리 공급이 중요하다. 주로 누워서 시간을 보내므로 소화도 잘 되어야 하고 이빨도 약해져 있을 테니 너무 딱딱한 음식도 안 된다. 준비한 음식을 조금씩 자주, 예민해진 도파에게 눈치껏 들이미는 일도 요령이 필요하다.

5마리 새끼들의 위생을 위해 하루에 서너 번쯤 배설물로 얼룩진 수건을 교체하는 일, 그 수건을 삶아 보송보송 말리는 일(건조기 만세다)도 바쁘다. 눈도 못 뜬 녀석들이 엉뚱한 데 고개를 들이박고 헤맬 경우(엄마 엉덩이에 가서 꾹꾹이를 하는 녀석이 한 마리씩은 꼭 있다) 방향을 잡아주거나, 선호하는 젖(가운데 두 번째, 세 번째 젖이 제일 인기다)을 번갈아 차지할 수 있게 가끔 자리를 바꿔주는 일도 해야 한다. 여기까지는 아내의 일이다.

나의 미션은 바로 강아지 구분하기다. 새끼들이 태어나자마자 5가지 색실을 탯줄에 감아 순서에 따라 외웠지만 불과 5일 만에 말라서 뚝 떨어진 탯줄은 도파 입 속으로 사라졌고 당연히 5가지 색실도 같이 사라졌다. 다행히 실을 묶을 때 새끼들마다 사진을 찍어놨기에 망정이지 하마터면 덩치 순서대로 형, 동생을 시킬 뻔했다.

베들링턴 테리어는 까맣던 털이 크면서 하얗게 되는 견종이라 새끼들은 그냥 대책 없이 까맣기만 하다. 새끼들을 구분하기 위해서 사진을 놓고 특징을 찾아내야 했다. 다행히 발끝 부분이 크림에 퐁당 넣었다 뺀 것처럼 흰 털이 있거나 발톱 색깔이 흰색과 검정이 섞여 있어 그걸로 구분해냈다.

예를 들면 첫째는 양쪽 앞발이 하얀 털 장갑, 둘째는 뒷다리 왼

발만 장화만큼 하얀 털, 덩치 제일 큰 녀석이 셋째, 넷째는 발톱이 모두 블랙, 뭐 이런 식이다. 골든 리트리버는 새끼를 9마리나 낳는다던데 그 집 주인은 무슨 수로 구분할까? 그쯤 되면 엄마 개라도 헷갈릴 것 같은데 말이다. 어쨌든 나는 5마리 새끼를 정확히 구분할 수 있었다. 도파의 아가들은 아들이 셋, 딸이 둘이다.

팥죽코를
찾아라

    사실 우리 가족의 가장 큰 관심사는 다른 데 있었다. 도파는 하얀 털 아래로 연한 복숭아 빛이 언뜻언뜻 비치고, 코도 발바닥도 팥죽색인 리버^{liver} 컬러지만 새끼들의 아빠는 같은 흰털이어도 회색 빛이 감돌고, 코가 까만 블루 컬러였다. 리버와 블루 사이에 태어난 새끼들은 무슨 색일까? 제발 5마리 모두 팥죽코를 가진 리버였으면 싶은 게 솔직한 심정이다.

    아직은 너무 어려 구분이 어렵다고 생각한 우리 부부는 새끼들을 햇볕에 비쳐보며 털빛에 밤색 빛깔이 도는지를 놓고 갑론을박을 벌였다. 어느 날은 둘째인 것도 같고, 또 다른 날엔 셋째가 약간 노란 빛이 보이는 것도 같다. 얼마나 커야 알 수 있을까? 적어도 한 마리 정도는 리버가 태어났으리라 생각했다.

결과는 어땠을까? 5마리 모두 아빠를 쏙 빼 닮은 검정코의 블루 컬러였다. 엄마를 닮은 팥죽코는 단 한 마리도 없었다. 정말 너무하다.

천하 장사 꼬마들

드디어 D-day, 하루 종일 집안에 긴장이 감돈다. 아들이 선수를 쳤다. "눈 떴다!"

그날은 생후 15일차, 바로 강아지들이 눈을 뜬다는 예정일이다. 식구들 모두 자기가 새끼들에게 '눈 뜨고 처음 만나는 사람'이 되고 싶어 외출도 안 하고 개 집 앞에 뻗치기 중이었다. 설마 꼭 오늘일까 했는데 거짓말처럼 거의 동시에 붙어 있던 눈이 살짝 열리나 싶더니 금세 반달이 되고 곧 초롱초롱한 알사탕이 되었다. 발육이 제일 좋은 셋째가 먼저, 그 다음엔 누구랄 것 없이 나머지 새끼들이 눈을 떴다. 가족들은 서로 강아지들 앞에 자기 얼굴을 들이밀고 첫 인사를 하느라 난리법석이다.

"안녕! 내가 언니야. 방금 네 엉덩이를 닦아준 게 바로 나야."

"얘는 무슨 촌수가 그렇게 되니? 넌 언니가 아니고 이모지. 얘들아, 내가 할머니란다. 밥 주는 사람이지."

"난 형이야. 만나서 반가워."

"아니라니까, 넌 삼촌이라니까. 그리고 걘 여자거든."

가족들 어깨너머 강아지를 보다가 갑자기 가슴이 훅 내려앉았다. 모든 게 아빠를 닮았지만 눈만은 도파의 눈이었다.

눈을 뜨자 본격적으로 걸음마를 시작한 녀석들은 한 달이 되자 이유식을 먹고 첫 예방주사도 맞았다. 생후 2개월이 되자 강아지는 안 보이고 대신 강아지 탈을 쓴 깡패 5마리가 있었다. 젖니도 다 났지만 시도 때도 없이 젖꼭지를 물겠다고 달려드는 새끼들을 피해 도파는 도망 다니기 바빴다. 제일 큰 사이즈를 2개나 이어 붙인 울타리는 거실의 대부분을 차지하건만 굳이 나오겠다고 깽깽대는 소리에 정신이 다 혼미하다. 이제 겨우 8주차 녀석들이 덩치며 짖는 소리며 예사롭지가 않다. 어찌나 기운이 좋은지 처음에는 울타리째 보행기처럼 밀고 다니더니(혼자 보기 아까운 광경이다), 나중에는 합심해서 울타리를 들어올리고 밑으로 탈출을 한다.

답답해서 그런가 싶어 집 밖으로 나가 보기로 했다. 사람보다 머릿수가 많으니 궁리 끝에 커다란 플라스틱 양동이에 담아 들고 나갔다. 그렇게 생애 첫 바깥 나들이를 했다. 강아지들 뒤치다꺼리로 정신 없이 지내다 보니 벌써 10월이 코 앞이다. 이제 슬슬 떠나보낼 준비를 해야 한다.

새로운 가족 -
견사호 of Yoo house 패밀리

　강아지들을 보내는 것도 섭섭하지만 갈 곳이 없어도 큰일이다. 우선 우리 집에서 키우기 힘든 사내 녀석 3마리부터 보낼 곳을 정해야 했다(아내는 전부터 암컷만 키우길 원했고, 나는 중성화 수술에 반대하니 선택의 여지가 없다). 해탈이 보호자는 해탈이와 함께 새끼들을 보러 왔다가 일찌감치 덩치 제일 큰 셋째를 '찜'해놓고 기다리는 중이다. 인물이 좋은 둘째는 아내의 동창 집에 가게 되었다. 막내까지 보낼 곳이 정해지자 그전에 서둘러야 할 일이 생겼다. 새끼들의 혈통서를 만드는 일이다. 도파를 데려올 때 혈통서를 챙기지 않았었다. 필요하면 신청하시라고 한 것 같기는 한데 집안 족보도 안 챙기는 마당이니 개 족보는 흘려 들은 듯 싶다.

　새끼들 혈통서를 발급받으려면 일단 도파부터 등록해야 했다. 심사부터 등록까지 순조롭게 진행되던 중 협회로부터 연락이 왔다. 도파의 이름 뒤에 붙일 견사호犬舍號를 정해 달란다. 견사호라니 참 어려운 말도 골라 쓴다 싶었는데 영어 표기를 보니 딱히 마땅한 말도 없겠다 싶다. 견사호, 영어로 'kennel name'은 이름 앞에 붙는 성이라고 생각하면 된다. 얼마 후 'DOPA of Yoo house' 로 등록된 혈통서가 도착했다. 새끼들 역시 'of Yoo house' 가문의 가바, 루이, 수호, 니카, 호두로 불리게 되었다. 생긴 건 아빠를 닮았어도 성은 엄연히 엄마를 따라야 한다. 개들은 아직 모계 사회다.

3마리 새끼들이 떠나고 좀 조용해졌냐고? 남은 2마리가 행여 우리가 허전할까봐 사내 녀석 셋 몫까지 거뜬히 사고를 쳐댔다. 첫째 딸 가바는 그 후 반년을 더 우리와 지냈고, 우리 집에서 자기 엄마와 살게 된 건 넷째인 딸 니카였다.

새끼들이 태어난 지 일년 되던 2016년 7월, 합동 돌 잔치가 열렸다. 멀리 사는 막내 호두를 제외한 도파와 해탈이, 4마리 새끼들과 보호자 가족들이 처음으로 한 자리에 모였다. 우리 딸은 강아지 생일 케이크를, 가바네 언니는 파티용 강아지 모자를 직접 만들어왔다. 해탈이네는 커다란 선물 주머니를 집집마다 안겨줬다. 꽤 오랜만에 녀석들을 본다.

도파는 출산 후 애교는 돌아왔지만 몸매는 후덕한 아줌마가 되었다. 해탈이는 오랜만에 만난 마누라 뒤를 쫓기 바쁘다. 가바는 더 새침해지고, 루이는 손질이 잘된 미용에 귀티가 흐르는 게 멋쟁이 그 집 가족답다. 제일 덩치가 컸던 수호는 처음에 삽살이가 온 줄 알았다. 여전히 제일 크고, 하는 짓도 터프하다. 우리 집 니카는 천방지축 말괄량이다. 오랜만에 만난 오빠들에게 밀리지 않고 시비를 건다. 보호자들은 그간 나누지 못한 이야기에 개들보다 더 분주하다. 여기 모인 모두가 'Yoo house 패밀리'로 맺어진 대가족이다.

양동이에 담겨 생애 첫 나들이에 나선 5마리 강아지들이다.

생후 2개월하고도 한 주가 지난 9월의 볕 좋은 날, 처음으로 바깥 구경을 했다.

플라스틱 양동이에 다같이 들어가 있어도 표정만큼은 정말 행복해보인다.

CHAPTER 02

7마리 동물이 함께 사는 법

반려견과 함께 사는 집은 매일 새로운 사건과 예측할 수 없는 즐거움, 크고 작은 사고가 일상처럼 생긴다는 걸 의미한다. 도파는 공원에서 만난 불테리어와 연애를 한 후 중성화 수술을 받게 되고, 도파의 딸 니카는 퍼피 라이센스 기간 동안 집안을 엉망진창으로 망가뜨린다. 포메라니언인 세로토 역시 나에게 크고 작은 시련을 안겨준다. 산책부터 목욕까지 반려견과 살면서 겪는, 진땀나게 힘들고 절로 미소가 지어지는 즐거운 일들이 그야말로 롤러코스터처럼 펼쳐진다.

첫째 가바 *(생후 4주)*

우리 가족이 처음 받은 새끼이자 도파의 큰딸 가바.
우리와 사는 9개월간 우리 집 벽지며 바닥을 다 뜯으며
여동생 니카와 함께 행복하고 씩씩한 강아지 시절을 보낸 녀석은
지금은 새로운 가정에서 귀한 막내딸이자 애교쟁이 숙녀로 살고 있다.
행복한 유년시절은 건강한 자아를 형성하게 해서
혹여 성인이 되어 힘든 일을 겪더라도
고난을 이겨내는 힘의 원천이 되어준다.
강아지도 사람과 다르지 않다.
행복한 강아지가 건강한 성견이 된다.

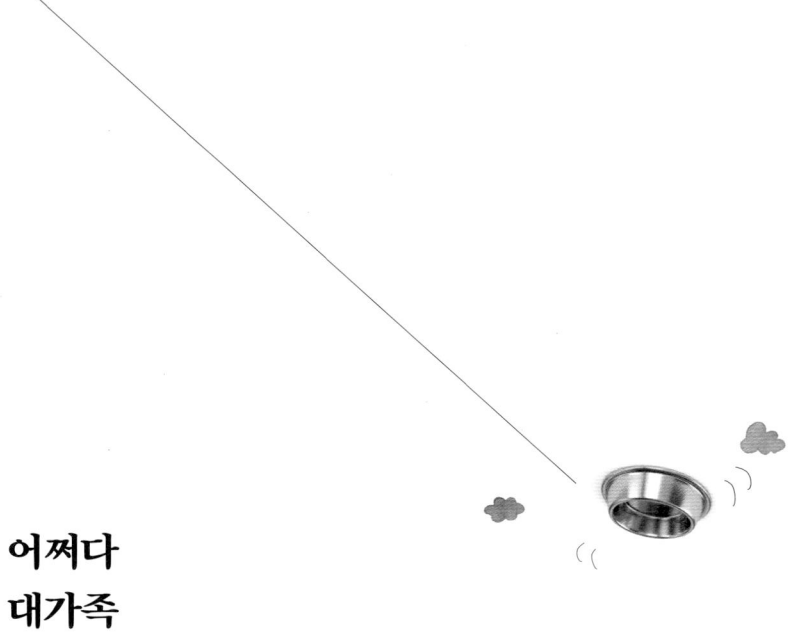

어쩌다
대가족

애들이 둘만 있어도 다둥이 가정이고, 셋을 키우면 동네에 소문난 집이 된다. 다섯이 넘어가면 아마 TV 출연도 할 수 있을 것이다. 개 3마리는 계획에 없던 일이다.

어쩌다 보니 우리 집은 반려견이 3마리나 있는 개 집이 되어 있었다. 딸 아이 유학생활이 길어지면서 허전해진 세 식구에게 작은 개 한 마리쯤 있어도 괜찮겠다 싶었던 것이 여기까지 와버렸다. 엘리베이터에서 마주치는 동네 분들은 우리 집 식구들(개를 포함)을 엄청 신기해한다. 자기도 개를 안고 있으면서 말이다.

하긴 주변에 개 키우는 사람은 많지만 3마리씩 있는 집은 아직 못 봤다. 누가 보면 어지간히 개를 좋아하는 집이구나 하겠지만 여러 번 강조했듯이 난 아니다. 만약 식구들 중 누구라도 처음부터 개를 3마리씩 키우겠다고 했으면 나는 가출을 했을 것이다. 애들이 둘만 있어도 다둥이 가정이고, 셋을 키우면 동네에 소문난 집이 된다. 다섯이 넘어가면 아마 TV 출연도 할 수 있을 것이다. 개 3마리는 계획에 없던 일이다.

딱 좋은
3마리

사람은 적응의 동물이라고 했다. 세로토만 있을 때는 한 마리도 성가셨는데, 도파가 오니 세로토는 있는 둥 없는 둥 보이지도 않았다. 도파의 혼인으로 2마리에 강아지 5마리가 더 생기니 집이 난리도 아니었다. 전쟁 같은 여름을 보낸 후 수컷 강아지들이 떠났다. 이제 7마리가 4마리로 주니 한결 여유가 생겼고, 큰딸 가바까지 떠나자 집이 휑해졌다. 결국 3마리는 많지도 적지도 않은 적당한 숫자다.

가끔 가바가 놀러 와서 며칠간 자고 가는 일이 있다. 그럴 땐 4마리도 나쁘지 않은 듯하다. 올해로 넷째 니카가 3살이 되었다.

도파가 엄마가 된 나이다. "니카도 짝을 찾아줄까?"라고 농담처럼 던지자 아내가 세로토를 번쩍 들고와 내 앞에 들이민다. 노처녀 세로토부터 시집 보내겠단다. 얼른 후퇴해야 한다. 포메라니안은 세로토 한 마리로 충분하다. 역시 나는 베들링턴 테리어 '홀릭'이 분명하다. 그래도 머릿속으로는 니카 신랑을 리버(밤갈색) 색상인 녀석으로 데려와서 팥죽코만 5마리 태어나면 얼마나 예쁠까 상상해본다.

강아지
이름 짓기

강아지들이 아직 5마리 모두 우리 집에 있을 때 이름 짓기가 고민이었다. 데려갈 집에서 이름을 지을 텐데 괜히 우리가 이름을 붙일 수고를 할 필요는 없지만 이름이 없으니 불편했다. 사내 녀석 셋은 순서대로 흰 발, 덩치, 막내로 부르기로 하고, 우리가 기를 두 녀석만 이름을 짓기로 했다. 그건 또 내가 아주 잘한다.

세로토가 처음 왔을 때 당연히 이름은 없었다. 내가 세로토닌 serotonin에서 착안해 세로토를 제안하자 가족 모두 나의 센스에 감탄하며 마음에 쏙 들어했다. 독자분들도 눈치채셨겠지만 도파는 도파민 dopamine에서 따온 이름이다. 정신과 치료약물의 거의 대부분이 신경전달물질인 세로토닌 또는 도파민과 관련되어 있으니 이렇게 이름 지은 의도는 분명하다.

세로토와 도파, 우리 집만의 콘셉트도 분명하고, 부르기도 좋은 만 점짜리 이름이라고 자평한다. 한 가지 단점이라면 누가 이름을 듣고 무슨 뜻이냐고 물어볼 때 세로토닌, 도파민까지는 설명이 쉬운데 꼭 그 다음에 이런 반응이 따라 붙는다는 거다. "집안에 의사가 계신가봐요." 같은 반응 말이다.

이번에는 이름을 2개나 만들어야 하니 빨리 끝나지는 않을 것 같다. 일단 도파민이나 세로토닌 같은 신경전달물질부터 훑기 시작했다. 아세티콜린, 노르에피네프린, 히스타민은 어감이 안 좋다. 일단 억제성 신경전달물질로 항불안작용 등의 착한 일을 하는 가바^{GABA}가 후보에 올랐다. 그 다음부터는 영 진도가 안 나간다. 해부학 책도 보고 라틴어 뼈 이름도 찾아보는데 마땅치 않다. 소득은 없고 두꺼운 책만 자꾸 쌓여갔다.

그러다 좀 허무하게 일이 마무리되었다. 남편이 좋은 이름을 찾아내려니 손 놓고 있던 아내가 이름을 정했단다. 니카가 아내 꿈에 등장해서 "내 이름은 니카예요"라고 말해서 니카다. 체구가 제일 작고 영리한 큰딸이 가바로, 천둥벌거숭이 같은 넷째이자 작은 딸은 니카로 부르기로 했다.

우리 집만의 규칙

　세로토는 도파에게 견종이 다른 언니, 니카에게는 성질 고약한 노처녀 큰 이모 정도 되겠다. 가바가 떠나고 3마리 개들은 나름의 룰을 지키며 다툼 없이 잘 지낸다. 산책은 도파와 니카가 같은 줄, 세로토는 다른 줄을 사용한다. 잠자리는 거실의 세 모서리에 최대한 멀찍이 배치한 각자의 스누저(버선 모양의 개집이다)에서 잔다. 밥그릇은 동시에 바닥에 내려놔야 하고, 간식은 나이 순대로 주는데 크기는 다르다. 밥이든 간식이든 니카 것이 양도 많고 크기도 크다.

　그러고 보니 우리 집에는 암컷만 있다. 아내 때문이다. 수캐들은 마킹을 해서 집에 너무 냄새가 밴다는 거다. 딸만 셋인 집에서 자란 아내는 사람이든 개든 남자들을 불편해했다. 나는 암놈이든 수놈이든 상관 없지만 딱 하나 양보할 수 없는 것이 있다. 중성화 수술이다. 대다수 전문가들이 발정기 때 힘들어 할 개를 위해 혹은 건강상의 이유로 중성화 수술의 필요성을 말한다. 자유롭게 눈이 맞아 연애하고 새끼를 낳을 자유가 주어지지 않는 반려견들에게 어쩔 수 없는 선택일 수도 있다.

　그런데 이유를 대자니 궁색하지만 멀쩡한 개를 고자로 만드는 건 남자인 내가 불편하고, 암놈은 개복 수술을 해야 하는 것이 의사로서 맘에 걸렸다. 당연히 중성화 수술을 해야 하는 걸로 알던 아내와 몇 번 언성을 높였다. 간단한 수술도 아닌데 감기 주사 맞듯 대수롭지 않게 여기는 것부터가 화가 났다. 중성화 수술을 못 시키니 선택의 여지가 없이 우리 집은 여인천하다.

자궁을 잘 건사하는 개가 3마리니 번갈아 생리를 할 때가 문제다. 셋 중 한 마리라도 시작하면 그날부터 다같이 침대가 있는 방은 출입금지다. 거실은 타일이라 바로 닦아내면 된다. 실수로 문이 열려 개가 침대에라도 올라가면 대형 참사다. 들어간 녀석도, 들여보낸 분도 아내가 이불 빨래하는 내내 욕을 들어야 한다.

쓰라린
대가

모처럼 주말 저녁, 식사를 마치고 느긋하게 소파에 누워 TV 리모콘을 돌려본다. 이렇게 맘 편히 거실에서 쉴 수 있는 건 딸이 개들을 데리고 산책을 나갔기 때문이다. 운동도 할 겸 오래 걷다 온다고 나갔으니 앞으로 한 시간은 편히 쉴 수 있다. 그렇게 잠깐 졸았나 싶은데 부엌에서 큰소리가 들렸다. 아내가 발을 구르며 휴대폰에 대고 마구 소리를 지르는 것이 아닌가. 아내는 타고나길 목소리가 작은 사람이다. 저 정도면 뭔가 큰 일이 생긴 것이다. 무슨 일이냐고 묻는 내 말에 대꾸도 안하고 어디론가 다급히 전화를 건다. 메모를 하고 전화를 한다. 또 다른 곳에 전화를 한다. 잠시 후 산책에서 돌아온 딸이 엄마 앞에 서서 울기 시작했다.

도파가 산책 길에 수캐와 연애를 해버렸다. 상대 개는 아내와 딸이 이미 이름도 알고 있는 불테리어란다. 무려 10분 가까이 엉덩이를 맞대고 있었다니 아마 도파는 수태가 되었을 것이다. 하필 상대는 중성화 수술을 하지 않은 녀석이었다. 도대체 2마리가 그러는 동안 견주들은 무엇을 했는지 기가 막혀 말이 안 나온다. 잘잘못은 나중에 따지고 일단 벌어진 일을 수습하자며 아내가 다시 전화를 돌리기 시작한다. 아내는 서울 시내의 모든 24시간 동물병원 및 종합병원 응급실과 한 시간 이상을 전화기를 붙들고 통화했다. 그러더니 마침내 지친 기색으로 내 앞에 앉았다.

1. 동물용 낙태 주사가 있긴 하다.
2. 24시간 안에 맞아야 한다.
3. 지금은 농장에서나 사용해서 지방에나 가야 있을 거다.
4. 지방의 동물병원은 주말에 여는 곳이 없다.
5. 하필 지금은 토요일 저녁이다.

너무 독한 주사라 사용하지 말라는 수의사들도 몇 있었단다. 남아있는 유일한 해결책이자 모든 수의사가 권한 방법은 중성화 수술을 일주일 이내에 시키라는 것이었다. 임신을 했는지 안 했는지 확인도 안 하고 자궁부터 들어내라니 말이 되냐고 애먼 아내에게 화풀이다. 그러나 임신이 확인될 때쯤이면 수술이 위험해져 그냥 새끼를 낳아야 한단다. 그것도 아빠가 불테리어인 새끼를 말이다. 사람을 이렇게 막다른 궁지로 몰아 넣을 수가 있나 싶다.

결국 도파는 일주일 후 수술대에 올랐고, 니카와 가바와 다른 세 아기를 낳았던 자궁은 사라졌다. 하룻밤 연애치고는 너무나도 큰 대가를 치른 것이다.

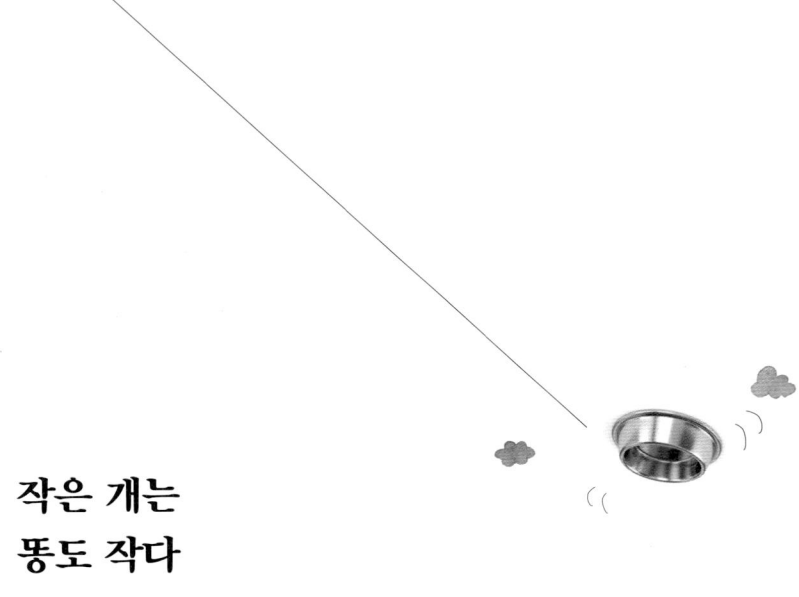

작은 개는
똥도 작다

내가 세로토를 싫어하는 것보다 세로토가 훨씬 더 나를 싫어한다는 사실이 억울하다. 녀석은 나만 보면 싫은 티를 내도 너무 낸다.

내가 사랑하게 된 유일한 강아지가 도파라고 했던가? 실은 예전에 잠깐 마음을 붙였던 강아지가 있었다. 그 이야기를 하기 전에 세로토부터 소개하겠다.

도파가 오기 전 우리 집에는 강아지가 한 마리 있었다. 갈색 색상의 포메라니안으로 이 글을 쓰는 지금 기준으로는 이미 아홉 살, 사람 나이로 치면 환갑이 넘었다. 내 평생 가장 오래 함께 산 동물이다. 그렇다고 세로토를 예뻐하냐면 솔직히 별로다. 같이 산 세월이 있으니 정이야 들었겠지만 난 사람이고 동물이고 까칠한 성격이 딱 질색이다. 예민하고 잘 짖고 기분 나쁘면 혹은 별 이유도 없이 성질부터 부리는 이 녀석이 원래도 마음에 들지 않았는데, 하필 내 작업실에 똥을 싸놓아(고의적이고 악의적인 행동이라고 지금도 믿는다) 맨발로 제대로 밟은 일 이후 더 사이가 나빠졌다. 권장하고 싶지는 않지만 누구든 경험해본다면 내 기분을 이해할 거다.

2010년 초, 어느 날 퇴근한 내 발을 향해 털이 수북한 밤송이 같은 것이 통통 튀며 굴러왔다. 한동안 오도가도 못하고 서있는 내 발등을 넘나들며 불규칙하게 튀던 세로토는 내 발가락을 야무지게 깨무는 것으로 첫 인사를 했다. 손바닥 안에 올라갈 만한 크기의, 마치 〈이웃집 토토로〉에 나오는 먼지귀신 같이 생긴 이 포메라니안은 호랑이 새끼가 이보다 용감할까 싶을 만큼 대단한 기백을 가진 녀석이었다(작은 체구, 귀여운 용모에 어울리지 않는 용감함이 포메라니안의 특징이다). 결혼 전 친정에서 포메라니안 모녀를 키웠던 아내는 특히 이 개를 좋아했다. 발랄하고 영리하고 용감한 여우 얼굴의 이 개는 아무나 따르지 않아서 더 좋단다. 하지만 이건 아내가 견종에 대해 무지한 나를 대상으로 사기를 친 것이었다. 우리가 데려오기로 한 것은 요크셔 테리어였지 포메라니안이 아니었다. 무슨 말이냐고? 지금부터는 스티치 이야기다.

스티치 -
사라진 강아지

　꽤 긴 직장생활에서 막 은퇴한 아내는 오랜 바람대로 개를 키우고 싶어했다. 키우고 싶은 종류는 스파니엘 종의 개지만 덩치나 행동 패턴이나 여러모로 남편에게 무리다 싶었는지 작은 소형견 중에서 데려올 아이를 물색하기 시작했다. 물론 나와의 합의하에 진행된 일이다.
　그러던 어느 날, 내가 제시한 가이드 라인에 얼추 들어맞는 작은 강아지 한 마리를 데려왔다. 아내 이야기로는 보자마자 단박에 우리 집 개라는 것을 알아보았다고 하지만 말도 안 된다. 아내는 동네에서 제일 못생긴 개조차 꿀이 뚝뚝 떨어지는 눈으로 쳐다보는 심각한 개 바보다.
　진한 초콜릿 색상의 털이 삐죽삐죽 하늘로 솟아있는, 처음 보는(거의 모든 강아지는 처음 본다) 생김새의 이 녀석이 바로 요크셔 테리어란다. 모습이나 표정이 딱 만화 주인공 같아서 아이들은 보자마자 스티치라고 불렀고, 이름이 그래서인지 캐릭터도 개구쟁이 꼬마 악당처럼 꽤 매력적인 녀석이었다. 사실 난 이렇게 작은 강아지를 가까이서 보거나 만져본 경험이 없어서 재미있기도 하고 귀엽기도 했다. 하는 짓을 구경하는 재미도 꽤 쏠쏠하다. 이래서 집안에서 개를 키우는 것이라는 생각도 든다. 한도 끝도 없이 자신의 개와 고양이 이야기를 늘어놓는 환자들 심정도 알 것 같다.

2007년 12월 19일 수요일, 스티치가 우리 집에 온 지 채 3개월이 안 되었을 때다. 눈까지 흩뿌리던 꽤 추웠던 그 날은 17대 대선이 있던 날이다. 아파트 지하 상가에 스티치를 데리고 내려간 아내가 빈 줄만 들고 반쯤 정신이 나가 울면서 돌아왔다. 아내가 상점 주인과 이야기를 나누는 동안 스티치가 사라졌단다. 호기심 많고 덩치가 작은 녀석에게 헐렁했던 줄이 화근이었다.

가족들은 매일 낮에는 돌아다니며 전단을 붙이고, 밤에는 유기견 보호소 사이트를 뒤졌다. 밥도 안 차려주고 울기만 하는 아내에게 그렇게 왜 칠칠 맞지 못하게 개를 흘리고 다니냐고 질책할 수도 없었다. 너무 예쁜 강아지라 누군가 데려갔어도 주인에게 돌려주지 않고 키울 거라는 단골 동물병원 원장의 이야기를 상기시키며 위로를 건넸다.

스티치가 추운 겨울 거리를 헤매거나 유기견 보호소에서 우리를 애타게 기다리다 안락사를 당하는 일은 없을 거라는 믿음이 유일한 위로가 되는 힘든 시간이었다. 그 날 이후 꽤 오래 스티치를 찾으려고 백방으로 애썼지만 결국 그렇게 녀석은 우리 품을 떠나버렸다. 어느 정도 시간이 지나 스티치에 대한 기억이 희미해져 갈 즈음, 나는 조심스럽게 스티치 같은 개라면 다시 키워볼 수도 있겠다고 했고, 그 말이 떨어지기도 무섭게 아내가 스티치 같은 개라며 데려온 게 바로 세로토다.

세로토닌,
세로토

　내가 아무리 견종에 대해 무식하다고 해도 딱 봐도 스티치하고는 하나도 안 닮은 개를 데려온 아내가 어이 없었다. 결사적으로 내 발만 들이받는 녀석을 실수로 밟지 않아야 한다는 생각만 들 뿐 스티치만큼 정이 가지도 않았다. 어쨌든 세로토도 작았고, 오줌도 조금 싸니 크게 거슬리는 것은 없었다. 무엇보다 아내가 웃게 되었으니 그걸로 족하다 싶었다.
　이 녀석 이름은 편안하고 안정된 기분을 유지하는 데 매우 중요한 신경전달물질인 세로토닌serotonin에서 따와 세로토가 되었다. 우리 집이 세로토닌으로 넘치는 가정이 되기를 바라는 마음에 내가 붙인 이름이다.
　세로토는 집에 온 지 채 한 달도 되지 않아 사고로 왼쪽 앞다리에 핀을 박는 큰 수술을 하게 되었다. 아직 성장중인 강아지라 커서 다리를 절게 될 수도 있다는 수의사의 말에 겁먹은 아내는 깁스를 하고 있던 석 달 내내 녀석을 포대기에 싸서 들고 다녔다. 우리 집 세로토는 그렇게 아내가 업어 키운 강아지다. 지금도 다른 가족들은 포메라니안치고는 사람을 잘 따르고 성격도 좋은 순한 녀석이라고 하지만, 다른 포메라니안은 맹수라도 되는가 보다.
　도대체 이런 앙칼진 성격의 개를 왜 아내가 그토록 예뻐라 하

/ 늘 혀를 빼물고 있는 세로토 /
나만 빼고 모든 사람이 다 예뻐라 하는 세로토는 이제 9살이 되었다.
사탕처럼 동그란 눈과 짧고 야무진 입매는
영리한 여우와 귀여운 아기 곰을 섞어 놓은 것 같다.

는지 도통 이해가 안 갔었는데, 처제가 친정에 갔다가 언니에게 보여준다고 들고온 사진 한 장을 보고 그제서야 이유를 알았다. 손때가 묻은 낡은 액자 속 강아지는 분명히 우리 집 세로토인데 아내와 처제는 고놈을 '봄이'라고 불렀다. 대학생이었던 아내가 농장에서 직접 데려와 애지중지 키우다가 결혼과 함께 친정을 떠나면서 헤어졌고, 14살 천수를 다하고 밤하늘의 별이 되었을 때 유학 간 처제가 공부 때려치우고 귀국할까봐 차마 알리지도 못했다는, 지금은 평창동 뒷산 어딘가에 고이 잠들어 있을 사진 속 두 자매의 반려견 봄이는 믿기지 않을 만큼 세로토와 너무나 똑같이 생겼던 것이다.

그래서 아내는 한참 호기심 많은 시절 병치레로 까칠해진 녀석이 불쌍하다며 야단 한번 안 치고 마냥 너그러웠던 것이다. 나에게 도파가 특별하듯 아내에게 봄이가 그런 존재였고, 이제 별이 된 봄이 대신 세로토가 있었다. 하지만 봄이에 대한 추억 따위가 있을 리 없는 나는 여러 가지로 세로토가 맘에 안 든다.

우선 세로토의 짖는 소리는 너무 자극적이어서 고통스럽다. 마치 누군가 귀에 대고 꽹과리라도 두들기는 듯한 물리적인 통증이다. 그래서 세로토가 짖기라도 하면 식구들은 내게서 가장 먼 곳으로 데리고 피한다. 산책 나가서 얼마 걷기도 전에 힘들다고 바닥에 배를 깔고 버티는 통에 네 다리를 지녔음에도 두 다리인 내가 자신을 들고 다니게 하는 것도 맘에 안 든다.

털도 엄청나게 많이 빠져서 와이셔츠도 꼭 검은 색상만을 입을 만큼 짙은 색 옷을 선호하는 나는 때때로 "고양이 키우시냐"는 소리도 종종 듣는다. 큰 외과수술 2번, 유치가 제때 빠지지 않아 영구치가 겹쳐 나는 통에 받아야 했던 치아 발치 수술 한 번, 전신마취를 한 스켈링 2번, 기관지 협착이 심해 그간 들어간 검사비와 앞으로 예상되는 수술비까지 포함한 의료비 지출로 내 지갑도 제법 털어갔다. 이유 없이 세로토만 미워한다는 나에 대한 가족들의 비난과 덮어놓고 세로토만 감싸는 아내에 대한 나의 불만으로 가정에 분란이 생기니 이 또한 마음에 안 든다.

특히 내가 억울한 대목은 내가 세로토를 싫어하는 것보다 세로토가 훨씬 나를 싫어한다는 사실이다. 똥을 밟은 것도 나고 치료비를 낸 것도 나인데, 이 녀석은 나만 보면 싫은 티를 내도 너무 낸다. 나를 보고 꼬리를 치거나 달려오거나 배를 보이며 애교를 떤다든가 하는, 반려견이라면 약간의 의무감에서라도 주인에게 해줄 법한 행동이 일절 없다.

그렇다고 으르렁거리거나 공격을 하는 것은 아니고 데면데면 심드렁하다. 그래서 다른 식구가 도파나 니카를 안아주면 옆에서 나도 안아달라고 샘을 내는 녀석이 내가 아무리 도파와 애정행각을 벌여도 본체만체다. 아내 침대 옆에서만 침대에 올려달라고 응석을 부린다. 아내 말로는 공원에서 세로토를 처음 본 사람도 간식 하나 주면 애교를 떤다는데, 이 녀석에게 내 손에 들린 간식은 간식도 아닌 모양이다. 세로토가 내 곁에 잘 오지를 않으니 서로 부딪힐 일도 없고 자극할 일도 없다. 그저 가까이에서 짖지만 않았으면 싶다.

세로토와
나 사이

그렇게 9년을 세로토와 한 집에서 사는 중이다. 이제는 노견의 반열에 접어든 세로토는 점점 더 걷거나 뛰기 힘들어하고 엎드려 지내는 시간이 길어졌다. 느낌일지 몰라도 짖는 목소리도 예전만 못하다. 얼굴을 부비는 사이가 아니라서 자세히 본 것은 아니지만 희끗희끗 흰 털도 보이고, 검은 구슬 같던 눈도 탁해졌다. 그래서인가 얼굴도 늙어 보인다. 새끼를 본 도파와 달리 세로토는 혼인은커녕 연애 한번 못해본 노처녀다. 중성화 수술을 극구 반대하는 보호자(나 말이다) 덕에 혼자 잠 못 이루고 괴로웠을 시간이 꽤 길었겠다 싶다.

세로토는 아내의 사랑을 독차지했다고는 하나 어려서는 사고로 힘들었고, 커서는 덩치 큰 강아지를 새 식구로 맞아 놀아주느라 고생했다. 늘그막에 그 개가 새끼를 5마리나 낳는 통에 또 그 강아지들에게 시달려야 했다. 덩치 큰 개들 사이에서 치이며 고생하는 건 현재 진행형이다. 뭐라도 먹으려면 덩치에 밀리고, 산책이라도 같이 나가려면 힘에 부쳐 자꾸 뒷전으로 밀린다.

도파와 니카가 세로토를 존중하는 것은 단순히 호의에 기초한 것이지 당연한 것은 아니다. 어쩌다 간식 때문에 녀석들이 세로토를 밀칠 때 보면 큰 개들 사이에서 목숨 부지하는 것도 쉽지 않아

/ 도파와 세로토 사이 /

어느 날 어미 품을 떠나 우리 집으로 온 어린 강아지 도파가
성견으로 자라 새끼를 낳고 또 그 새끼들이 크는 걸 세로토는 모두 지켜봤다.
세로토와 도파는 서로에게 어떤 존재일까?

보인다. 그래도 밥 먹을 때 늘 세로토가 먼저 먹도록 순서를 지키는 녀석들을 보자면 역시 어른 대접을 하는 것인가 싶기도 하다.

아내는 여전히 내가 세로토만 구박한다고 불만인데 요즘 들어 부쩍 푸념이 늘었다. 세로토가 소형견이고 나이가 있는 데다가 아픈 곳도 많아 오래 살 것 같지 않으니 죽은 다음에 구박했음을 미안해하지 말고 지금 좀 잘하라고 한다. 나는 아직 집에서 키우던 반려견의 죽음을 맞아본 기억이 없다. 경험이 없는 것이 아니라 기억이 없다. 어린 시절 마당 한 켠에 묶여 있던 멍멍이들의 마지막을 나는 모르기 때문이다.

아마 세로토는 명이 다해 떠나 보내는 나의 첫 번째 반려견이 될 것이다. 사고로 혹은 사건으로 반려견과 헤어지는 경우와 달리 늙고 병들어 죽음을 맞이하는 반려견을 곁에서 지켜보는 것은 힘든 일이다. 또한 사람들은 그 모든 과정에서 자신의 미래를 떠올리며 감정이입을 하게 된다. 반려견의 죽음이 슬픔을 넘어 지독한 우울감을 동반하는 '펫로스 신드롬'으로 발전하는 이유다. 반려견의 심리는 잘 몰라도 반려견을 잃은 사람들의 심리에 대해서라면 좀 아는지라 그 부분에 대한 자세한 이야기는 뒤에서 다시 하기로 하자.

이제 세로토 이야기를 마무리하자. 지금부터라도 기운도 좀 빠지고 성질도 한 풀 꺾인 세로토를 잘 대해줘야겠다고 막 다짐하는 순간, 지나가던 딸이 한 마디 던진다. 세로토는 아주 예쁘게 생긴 강아지라고 말이다. 자기 친구들 모두 세로토 사진을 보고 싶어한단다. 그러고 보니 좀 이쁘긴 하다. 털갈이 시즌이면 온 집안에 휘날리는 털에 질려 그 털들을 확 밀어버려도 다시 언제 그랬냐는 듯 풍성하게 자라나는 털들이다. 그 털을 모양 좋게 다듬어놓으면 세상에서 가장 귀여운 강아지로 온라인 스타가 된 '부^{Boo}'와 매우 흡사해진다(하긴 부는 포메라니안이다).

예전만은 못해도 여전히 사탕처럼 동그란 눈과 짧고 야무진 입매는 영리한 여우와 귀여운 아기 곰을 섞어놓은 듯 조화롭다. 어설픈 구석 없이 얼굴에서 똑똑함이 묻어난다. 자칫 너무 깍쟁이처럼 보일까 싶지만 결정적으로 늘 혀가 한쪽으로 삐죽 나와있어 귀여움이라는 치명적인 매력을 더한다. 그래서 동네 공원에 산책이라도 데리고 나가면 도파나 니카를 제치고 사람들의 관심과 간식을 독차지한다. 세로토를 좋아하는 사람들이 많아서 다행이고, 그 덕에 내가 세로토에게 좀 덜 미안해진다.

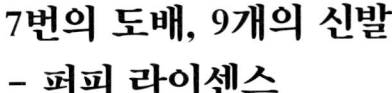

7번의 도배, 9개의 신발
– 퍼피 라이센스

성견이 되기까지 거쳐야 할 다양한 활동들이 통제받거나 심한 야단을 맞아 나쁜 경험으로 학습된다면, 정서적으로 건강하지 못한 개로 자라나게 될 것이다.

드디어 이사를 가기로 결정했다. 안 그래도 주말이면 차량행렬이 주차장 입구까지 막아서는 통에 경비회사 직원들이 길을 뚫어줘야 간신히 들어올 수 있는 집이다. 인접한 쇼핑몰에 놀이동산도 모자라 더 큰 쇼핑타워까지 들어선다는 소식에 기겁을 한 우리 부부는 태어나 처음으로 서울을 떠났었고, 이제 6년 만에 다시 돌아오기로 한 것이다. 서울 근교의 생활은 밤 늦은 시간 불빛이나 소음에 시달릴 일 없고, 아파트 뒤로 5분만 걸어가도 산에 오를 수 있었다. 무엇보다 도파의 5마리 새끼가 태어나고 그 새끼들이 처음으로 양동이에 다 같이 담겨 첫 햇볕을 쬐며 바깥 나들이를 했던 추억이 깃든 곳이다.

그러나 이곳 역시 개발이 너무 빨라 뒷산으로 올라가는 길은 상가 주택으로 막혔고, 인구가 급속히 늘어나는 만큼이나 출퇴근 시간도 점점 늘어나서 더 이상은 곤란한 참이었다. 이사 갈 곳을 정하는 데는 여러 가지 기준이 있겠지만 직장에서 너무 멀지 않았으면 하는 조건 하나를 제시하니 나의 발언권은 사라지고 나머지는 개들을 포함한 다른 가족들 몫이다.

직장에서 가깝지만 번잡하지 않고, 나가서 산책하기 좋은 큰 공원을 무려 두 곳이나 마주하고 있고, 뒤로는 바로 양재천으로 걸어 내려갈 수 있는 지금의 집은 여러모로 좋은 선택이었다. 지은 지 좀 되었고 계속 세를 놓던 집이라 조금 손을 보기로 하니 먼저 살던 집에서 꾹꾹 참았던 스트레스까지 일거에 해소되었다. 그것만으로도 이사하길 잘했다 싶다. 하긴 아내가 정말 오래 참긴 참았다.

무슨 이야기인지 자세히 설명하면, 베들링턴 테리어는 다정하고 순하고 사랑스러운 개임은 분명하지만 한 살 반을 넘길 때까지는 꼭 그런 것만은 아니라는 말이다. 처음에 도파가 거실 벽지를 조금 뜯어놓았을 때는 혼자 집에 놔둬서 심심했나 싶었고, 내 구두가 너덜너덜해진 건 아빠 발 냄새가 그리워서 하는 애정표현이라고 생각했다. 뭐든 손재주가 좋은 아내가 뜯긴 벽지를 풀로 때우고 슬리퍼로 도파의 엉덩이를 살짝 때려주기도 했지만 어쩌다 하는 장난이 귀엽기만 한 것도 잠시, 대책 없는 혼란의 시절이 도래했다.

강아지들의
퍼피 라이센스

'puppy license'라는 말이 있단다. 개를 키우면서 이런 어려운 용어까지 알게 될 줄은 몰랐다. 개 행동심리학자인 투리드 루가스 Turid Rugaas 라는 양반이 만들었다는 이 타이틀은 강아지가 성견이 되는 과정에서 물고, 뛰고, 점프하고, 땅 파고, 핥고, 쉬하고, 달려들고 하는 다양한 활동을 하면서 무슨 실수를 하든 혼내지 않도록 하자고 만든 거란다. 내 식대로 쉽게 풀자면 '강아지 사고 까방권(까임방지권)' 내지는 '강아지 사고 면허' 같은 거다. 투리드씨는 4~5개월의 강아지라고 했지만 내 경험으로는 한 살을 넘기기 전까지 결코 안심할 수 없다.

어쨌든 도파는 건강한 강아지가 한다는 물기(집안에 모든 물건을 가리지 않는다), 뛰기(수업시간에 괴성을 지르며 책상에 뛰어 오른다는 ADHD 치료를 받는 7살 환자가 떠올랐다), 점프하기(거실의 커튼에 고양이만 매달릴 수 있는 것은 아니다), 땅파기(아파트 마룻바닥을 무슨 수로 그렇게 뜯어놓을 수 있는지 아직도 궁금하다) 등등을 다양한 형태로 선보였다. 안 그래도 도파는 아직 완전히 하얀 털로 바뀌기 전, 거뭇거뭇하고 얼룩덜룩하며 삐죽삐죽하게 곤두선 털이 꼭 닭도 아니고 병아리도 아닌 중닭처럼 어설프기 짝이 없는 생김새다. 거기에 호기심으로 번뜩이는 눈동자와 넘치는 아드레날린을 주체하지 못해 온몸을 들썩이며 하루가 멀다 하고 사고까지 쳐댄다. 어찌 보면 딱 중2병에 걸린 것 같다.

엎어진 쓰레기통은 청소하면 됐고, 뜯겨진 구두 뒤축이야 신으면 내게 안 보였고, 뜯겨진 쿠션은 다시 사면 됐고, 발 닿는 곳 물건은 고지대로 피신시키면 됐지만 속수무책으로 지켜볼 수 밖에 없는 것은 있는 대로 뜯겨져 나간 벽지였다. 2번 정도 인부를 불러 타일로 수습을 하던 아내는 이러다 온 집안에 타일을 붙이겠다 싶어 깨끗이 단념했다. 차라리 뜯을 만큼 다 뜯고 나면 새로 도배를 하는 것이 나았다. 결국 6개월이 넘게 도파에게 유린당한 집안 꼴은 더 이상은 집에 손님 초대하기도 민망하게 되어버렸고, 도파는 한 살하고도 6개월이 지나서야 벽지에 흥미를 잃었다.

처음에 볼 때나 스트레스지 어느새 좀 익숙해져서인지 급하게 집수리를 서둘지 않고 이것저것 알아보던 차에 도파가 임신을 했다. 당연히 집수리 계획은 보류다. 곧 5마리의 '라이센스'를 가진 강아지들이 태어날 것이고, 그 중에 적어도 2마리는 우리 집 식구가 될 것이니 지금은 새로 도배를 할 때가 아닌 것이다.

지금 생각해보면 참 현명한 결정이었다. 엄마가 뜯다 남긴 벽지는 딸들이 합심해서 마저 뜯었고, 엄마보다 여러모로 심신이 건강한 가정견 자매는 사고의 규모과 방식도 남달라서 벽지를 다 뜯자 석고보드까지 파고 들어가 이곳 저곳 벽에 구멍이 생겼다. 갑자기 먹통이 된 안마의자의 씹힌 플러그를 집어든 나는 이러다 전기에 감전된 강아지 사체를 수습하게 되는 것은 아닐지 걱정을 하기에 이르렀다.

사고치는 강아지 한 마리와 사고치는 강아지 2마리는 차원이 다른 이야기다. 이건 쌍둥이 남자애들을 키우는 엄마 앞에서 외동이 엄마가 왠지 한 수 접고 들어가는 것과 같은 이치다.

체격이 작지만 영리하고 민첩한 언니인 가바가 카리스마 있는 보스라면, 덩치가 크고 운동신경이 좋은 니카는 일종의 어벙한 행동대장이어서 사고를 감지하고 급습한 현장에서 미처 뱉지 못한 휴지를 입에 물고 있거나 식탁 위에서 내려오지 못하고 얼음이 된 채 딱 걸리는 건 늘 니카였다. 가바는 근처에서 시침을 떼고, 심지어 뻔뻔하게 꼬리까지 흔든다. 그럼 엄마는 무엇을 하느냐? 도파는 자식들이 사고를 치면 누가 알아채기도 전에 미리 커튼 뒤에 숨는다. 심지어 밥 주기 전까지 코빼기도 비치지 않는다.

개에게
좋은 집

4마리 강아지를 아파트에서 키우는 일은 너무 버겁다는 아내의 호소에 결국 한 마리를 보내기로 했다. 여행으로 집을 비우게 되어 며칠 니카를 맡겼던 집에서 니카를 계속 키우고 싶어했다. 그 집 식구들은 오래 함께 살던 반려견을 무지개 다리 너머로 떠나보낸 후 아직 새 식구를 들이지 못하고 있었다. 아내는 우리 집에서 가바를 키우고 싶어 했지만 나의 강력한 반대로 그 댁에는 니카가 아닌 가바가 가게 되었다. 아직은 한참 장난이 심한 9개월 강아지다. 작은 개만 키워봤다는 그 댁에서 며칠이면 몰라도 감당이 될까봐 걱정이 앞섰다. 사고뭉치 니카보다 영리한 가바를 보내야 구박받지 않고 잘 지낼 것 같았다. 그리고 내 생각이 옳았다.

가바는 같이 사고칠 동생이 없어서인지 퍼피 라이센스를 조기에 반납하고 새침한 숙녀가 되었다. 애교로 넘길 만한 소소한 장난과 베들링턴 테리어 특유의 다정함으로 나처럼 개를 심드렁해하던 그 집 아빠까지 홀딱 반하게 만들었다. 만날 때마다 가바 자랑에 바쁜 그 댁 가족에게 가바가 우리 집 원목마루를 뜯은 이야기는 비밀이다.

성한 곳이 별로 없는 집을 떠나 새로 이사 갈 집의 인테리어 공사를 시작하면서 아내가 가장 공을 들인 것은 '개와 함께 살기 좋은 집'이었다. 우선 바닥재는 개들은 미끄러져 관절이 나가고 사람은 개 발톱 때문에 마음에 스크래치가 생기는 나무 대신 미끄럽지 않고 열전도율이 높은 폴리싱 타일로 결정했다. 소재 특성상 개들의 배설물이 스며들거나 냄새가 밸 걱정이 없다. 어쩌다 실수해도 스팀걸레나 솔로 박박 문질러 닦으면 된다. 지금 이 여름에도 개들이 배를 깔고 편안하게 누워 있는 모습을 보면 돈 쓴 보람이 있는 듯 하다. 다이닝 룸에는 문을 달아 니카가 식탁 위 음식을 먼저 먹지 못하게 했다. 현관 역시 문을 달아 방문객들이 맹렬히 달려드는 강아지들을 만날 마음의 준비를 할 수 있도록 배려했다. 개들이 배변을 해결할 화장실도 인테리어 회사 직원 전체가 지혜를 모아야 할 만큼 난이도가 있었지만 어쨌든 방법을 찾았다. 덕분에 나는 출퇴근이 편해진 것치고는 너무 비싼 대가를 치러야 했지만 가족 모두의 정신적 건강이 제일 중요한 일 아니겠는가?

다만 한 가지 남은 문제는 역시 벽이었다. 사실 진짜 문제는 니카였다. 이사를 할 그 시점, 니카는 12개월 하고도 4개월로 거의 한 살 반이었다. 퍼피 라이센스라면 진작에 사용 기간이 종료되었지만 니카가 벽지 뜯기를 완벽하게 졸업했다고 확신하기에는 뭔가 찜찜해 여러 가지 옵션을 두고 검토했다. 칠을 하면 개들이 긁었을 때 색을 맞추기 위해 전체를 새로 칠해야 하니 뜯더라도 도배가 낫다는 말에, 결국 니카의 호기심을 자극하지 않기를 바라면서 도배를 끝으로 이사 갈 집의 공사가 마무리되었다.

행복한 강아지를
응원하며

　실내에서 반려동물을 키우는 많은 사람들이 키우던 개를 포기하거나 훈련소 문을 두드리거나 방송에 안타까운 사연을 보내는 이유는 개들의 감당 못할 이상 행동들 때문인 경우가 많다. 어쩌다 대소변을 실수한다거나 좀 짖는다거나 하는 개의 당연한 행동조차 감당하지 못하는, 즉 개를 테디베어 인형쯤으로 여기는 사람들을 제외하고 말이다.

　얼핏 보기에도 분리불안, 과잉행동, 지나친 공격성, 기피증, 식이장애, 스트레스성 비만 등등 많은 부분에서 나의 환자들이 가지고 있는 여러 질병들과 유사하다. 사연을 보내온 개들과 깊이 있는 상담이 가능하다면 우울증, 수면장애, 공황장애 진단도 가능할 것 같다. 또한 많은 개들은 외상 후 스트레스장애^{PTSD}도 가지고 있을 확률도 높다.

　주인을 속상하게 만드는 개들의 문제 행동을 진단하고 해결하는 그 분야 전문가들의 솜씨는 놀랍도록 섬세하고 예리하다. 정신과 의사로서 본받을 만한 점이 많다고나 할까? 특히 인상적인 것은 그 분들은 개를 진심으로 사랑한다는 점이다. 모든 개들을 말이다. 행복한 강아지가 건강한 성견이 된다. 그래서 강아지 시절의 다양한 활동과 경험을 보장하자는 퍼피 라이센스가 등장한 것이다.

행복한 유년시절은 건강한 자아를 형성하게 해서 성인이 되어 힘든 일을 겪더라도 어려움을 이겨내는 힘의 원천이 되어준다. 사람도 강아지와 다르지 않다. 우리는 아이들이 어려서 다양한 경험과 실수를 통해 좌절이 아닌 자신감과 지혜, 용기를 갖게 되길 바라고 응원한다. 아이가 한 실수에 가혹하고 단호하게 응징을 한다면(그게 교육이라고 믿었던 시절도 있었다), 그 아이는 더 이상의 모험을 포기하고 움츠러들게 될 것이다.

개는 침대 머리맡에 얌전히 놓여있다가 주인이 심심하면 애교를 떨고 꼬리를 흔들며 놀아주는 장난감이 아니다. 개라는 동물은 벌판을 뛰며 새나 토끼를 쫓고, 발바닥으로 다양한 질감의 자연을 느끼며 자신의 영역을 구축해 사람보다 훨씬 뛰어난 후각으로 바깥 세상과 소통하고 교류하는 그런 동물이다.

그리고 그런 활동들을 개답게 잘해내기 위해 경험과 시행착오가 필요한 것뿐이다. 열 받은 아빠가 하라는 공부는 안 하고 빈둥대는 아들의 기타를 부수기라도 하듯이 다 큰 개가 뭔가 항의의 뜻으로 주인 슬리퍼를 뜯는 일도 있겠지만, 어쩌면 어린 강아지가 슬리퍼를 자꾸 물어 뜯는 이유는 슬리퍼와 개 껌이 비슷하거나 이가 가려워서일지도 모른다. 성견이 되기까지 거쳐야 할 다양한 활동들이 통제를 받거나 심한 야단을 맞아 나쁜 경험으로 학습되어 아예 사고칠 기회조차도 주어지지 않는다면 다양한 문제 행동을 일으키는 등 정서적으로 건강하지 못한 개로 자라게 될 것이다.

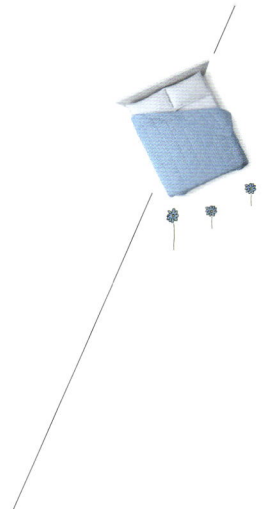

헌신의 순간
- 시간과 노동

아이들은 슈퍼파워 초울트라 에너자이저. 어른들은 늘 방전 직전의 간당간당한 배터리 같았다. 애들도 다 키웠건만 우리 개들 때문에 맘 편히 쉬기는 다 틀렸다.

　　세상에서 가장 유능한 프로파일러는 "우리 집에 계신 부인"이라고 말하는 최고의 프로파일러 이야기에 전적으로 동의한다. 아내는 확실히 나라는 인간을 너무 잘 파악하고 있다. 아내 생일에 노트북이나 디카 등 주로 본인이 관심 있는 물건을 선물로 사오는 남편과 살다 보니 나름대로 삶의 지혜가 생겼다고나 할까.

남편이 기계라면 사족을 못 쓰고(가전제품도 기계다), 게다가 얼리어답터라는 것을 아는 아내는 백화점은 물론이고 마트조차도 나를 데리고 가는 법이 없는데(아내 말로는 카트 끌고 다니는 것만으로도 힘든데 거기에 남자까지 매달아 다니고 싶진 않단다), 새 청소기를 사러 가는 길에는 기꺼이 나를 데리고 갔다. 당연히 새 청소기도 샀지만 예상대로 그것만 들고 올 순 없었다.

물론 다 나름대로 사야 할 합당한 이유가 있는 신중한 소비였다고 자평하지만 딱 한 가지 물건만은 망설여진다. 누가 그것을 그 값에 샀다고 하면 50대 중반인 내 친구가 2인승 스포츠카를 샀다고 자랑하면 보였을 그런 반응이랄까. 아무튼 그 물건은 그 분야의 명품이라고 할 만한 성능을 자랑하는 제품이었고, 내 상식을 훌쩍 뛰어넘는 터무니없는 고가였지만 어쨌든 샀다. 아내가 꼭 필요하다고 우기는 바람에 말이다. 아내가 그 물건이 꼭 필요했던 이유는 강아지들 때문이었다. 그 물건은 바로 헤어 드라이어다.

진땀나는
털 말리기

두 자리 숫자의 몸무게인 중형견 2마리에 까칠하고 털이 많은데 그 털이 또 다 빠지는 뚱뚱한 포메라니안 한 마리, 합해 3마리 강아지의 목욕은 TV CF에서 보는 그런 즐겁고 목가적인 모습과는 거리가 멀다. 우리 집은 마당도 없고 당연히 잔디밭도 없는 아파트라 개들에게 호스로 시원하게 물을 뿌려주는 일 따위는 불가능하다.

내가 아는 범위 내에서 소개를 해보자면, 흡수력이 좋은 기능성 대형 타올 6장, 물을 최소한으로 쓰면서 털을 불리기 위해 개들이 들어갈 만한(동물의 털은 물에 쉽게 젖지 않도록 자체 발수 기능이 있어 왁스가 발라져 있는 대걸레를 빠는 것과 유사하다) 큰 양동이가 필요하고, 물에 젖은 개들이 집안을 뛰어다니는 사태를 방지하기 위한 명확한 업무 분장과 위치 선점이 중요하다.

사전 준비를 마친 아내가 욕실 안의 샤워부스에서 신호를 보내면 딸과 아들은 한 마리씩 잡아다가 엄마에게 인계한 후 개가 걸어찰 만한 모든 물건이 치워진 욕실 안에서 문을 등지고 앉아 대기한다. 자칫 방심해서 욕실 문을 밀고 탈출이라도 하면, 그 순간 강아지 목욕은 온 집안 구석구석 대청소로 전환되는 거다.

샤워부스 안에서 작업이 끝나 흥분한 개가 있는 대로 물을 털며 욕실로 나오면 문을 막아선 딸과 아내는 털 말리기 작업에 돌입하는데 털을 말림과 동시에 빗질을 해야 엉킴을 최소화할 수 있어서 슬쩍 보기에도 꽤 난이도가 있는 이 작업에 나는 아직 한번도 끼어본 적이 없다. 바로 이 대목에서 문제의 헤어 드라이어가 한몫을 톡톡히 해내는 거였다. 강력한 파워로 신속하게 털을 말릴 수 있기 때문이다.

새로 산 헤어 드라이어는 일단 작업시간을 획기적으로 줄여줄 뿐만 아니라 결과물도 만족스럽단다. 때가 꼬질꼬질 흐르고 털이 비비 꼬여 기름이 질질 흐르던 개들이 보송보송한 털빨을 날리며 욕실 문을 나설 때까지 소요되는 시간은 대략 30분 정도, 한 시간 반 이상을 좁은 욕실 안에서 씨름하다 얼굴에 개털을 덕지덕지 붙이고 기진맥진해서 빨래더미를 들고 나오는 아내를 보면 헤어 드라이어라도 사줄 수 있어 다행이라는 생각이 절로 든다.

물론 처음부터 덥석 이런 큰돈을 쓰게 된 건 아니다. 가장 먼저는 헤어 드라이어를 고정하는 스탠드형 거치대(이건 기존 헤어 드라이어를 꽂아 쓰는 합리적 가격의 아이디어 상품이지만 개가 살짝만 건드려도 자빠지기 일쑤라 곤란했다), 애견용 스탠드 드라이어(두 손을 자유롭게 쓸 수 있는 것은 장점이지만 높이가 낮고 풍속이 약해 너무 시간이 오래 걸린다), 텐트 스타일의 펫룸도 있다. 물이 뚝뚝 떨어지는 개가 몸부림을 치든 말든 일단 가두어놓고 다음 선수를 목욕시킬 수 있다는 장점은 있지만 '짤순이' 이상의 효과를 기대하기 힘든 엉성한 털 말림은 둘째 치더라도 안에서 나오려고 필사적으로 몸부림치는 녀석들을 보고 있자니 없던 폐소공포증도 생기지 않을까 싶은 게 마음이 영 편치 않았다.

늘어나는 살림살이

그뿐만이 아니다. 작년에 이사하다가 눈치챈 건데 강아지들 살림살이가 꽤 많다. 우리 집 거실부터 보자면 3개나 놓여 있는 지름 80cm 정도의 스누저(일종의 강아지 침대. 말랑말랑한 이글루 혹은 동그란 덧버선이라고나 할까?)는 아내가 찍어준 좌표를 참조해 아마존에서 내가 직구한 물건이다. 세탁이 가능한 만큼 물어뜯기도 좋아서 여기저기 바느질로 패치를 덧댄 덕에 나름대로 유니크해 보인다. 여러 가지 괴이한 소리를 내는 장난감과 공, 그걸 담아놓은 장난감 바구니, 통을 돌려 간식을 빼먹는 원목으로 된 장난감, 너무 물어뜯어 너덜너덜해진 노즈워크용 담요 등도 보인다.

이 다양한 장난감뿐만 아니라 리모콘꽂이에 꽂혀 있는 리모콘의 절반 이상에는 개의 이빨 자국이 선명하고, 일부 버튼은 식별이 불가능할 만큼 뜯겨 있어 손톱 끝으로 벼룩 잡듯이 눌러야 간신히 작동이 된다. 인터폰 화면 아래 놓인 멋진 장식장은 알고 보면 강아지용 수납장이다. 수시로 눈곱을 떼주거나 엉킨 털을 빗기기 위한 각종 빗과 빗질을 용이하게 해주는 미스트, 물티슈, 이어클리너, 치약, 치약을 묻혀 이를 닦는 장갑, 그 밖에 일일이 물어봐야 그 용도를 알 수 있는 신기한 물건이 들어있다.

세탁실은 내가 자주 드나드는 곳은 아니지만 커다란 사료통

(10kg 대용량 사료를 위생적으로 보관하기 위해서도 필요하지만 개들이 무방비 상태의 사료포대를 습격하는 일도 막아준다)이 있다는 것과 가족들 비상약품을 보관하는 수납장 옆 칸이 강아지 약장이라는 정도는 안다. 거기에는 강아지용 생리대도 있다.

다음은 화장실이다. 우리 집 아이들이 개들과 같이 쓰는 화장실은 이사오면서 강아지들이 드나들 수 있게 욕실문 아래로 개구멍을 만들었고(덕분에 우리 아들이 변기에 앉으면 밖에서 아들의 발이 보인다), 한쪽 구석에는 턱을 높여 배변을 볼 수 있도록 전용공간을 조성했다. 하루에도 10장 이상 소요되는 패드, 그 패드를 보관하는 바구니, 그 패드를 버릴 악취가 새나오지 않는다는 휴지통 등등이 필요하다.

현관으로 가보자. 3마리 개가 자기 발로 걸어서든 차에 실려서든 사람 손에 들려서든 외출을 하기 위해 필요한 물건들이 있다. 일단 이동을 위한 켄넬kennel이 3개(항공기에도 실을 수 있는 제품이지만 그럴 일이야 없고 튼튼하다.), 차량용 안전벨트 클립 역시 3개가 필요하다. 강아지 외출시 본격적인 운동을 위한 5m짜리 긴 줄, 산책용 짧은 줄, 2마리를 한 줄에 연결하는 트윈 줄(3마리 개를 산책시킬 때 개 줄에 발이 걸려 넘어지지 않으려면 꼭 필요하다), 똥추(배변봉투), 물통, 허리춤에 차는 간식통, 모든 일에는 시행 착오가 있게 마련인지라 강아지 머릿수보다 많은 여러 종류의 가슴줄, 훈련한답시고 사들인 초크체인도 있고, 개들이 성장하면서 작아서 못쓰게 된 옷가지도 있다. 겨울 산책을 위한 패딩도 숫자대로 필요하고, 외출 후 발을 닦아주려면 티슈며 드라이샴푸가 바로 현관에 있어야만 한다.

주변에 고양이를 키우는 사람들 이야기를 들어보면 그래도 개는 낫다고 했다. 고양이는 전용가구, 즉 캣타워, 모래 화장실 같은 것들이 있어야 한다는 것이다. 글쎄다. 적어도 그 친구는 고양이를 산책 시키기 위해 줄을 채우고 법석을 떨 필요는 없지 않은가.

개를 위한 노동

개 목욕 시키기 사역에서 비싼 헤어 드라이어가 힘든 노동을 다소나마 경감시켜준 것에 불과하듯이 개들을 위한 소비와 지출이 노동을 대신해주지는 않는다.

자동차 광고였던가? 달리는 멋진 차 안에서 열린 창문 사이로 차만큼이나 멋진 개가 도로교통법에 걸리지 않을 만큼만 얼굴을 살짝 내밀어 코 끝으로 바깥 공기를 만끽하고, 바람에 털을 날리며 즐거운 표정을 짓는다. 광고에 나오는 차 못지않게 멋진 차에 역시 멋진 우리 집 개들로 말할 것 같으면 차에 타면 불안감과 흥분에 하울링을 하며 소파를 긁고 사방에 침을 흘리고(토한 적도 있다), 막무가내로 앞 좌석으로 난입해 버튼을 발로 눌러 한여름에

시트 히터를 켜고, 서로서로 운전석 등 뒤로 파고드는 통에 운전 자체가 불가능하다. 그나마 식구들이 여럿 움직이면 한 마리씩 부둥켜 안고 버티기라도 하지만 개들이 소리 지르는 것까지 막을 수는 없다.

병원이나 몇 달에 한번 방문하는 애견미용샵 외출도 큰일이니, 개들을 어디 차에라도 실어 가까운 근교에 소풍이라도 가는 일은 일단 준비부터 지쳐 엄두를 못 낸다. 제일 좋은 방법은 켄넬에 각각 넣어 SUV 차량 화물칸에 싣는 건데 처음에 개들이 좀 낑낑거리긴 해도 곧 조용해지고 무엇보다 모두에게 안전했다.

그런데 얼마 전 그 차를 부득이하게 팔게 되었다. 이제 우리 집에는 사과 궤짝보다 큰 켄넬 3개가 동시에 실리는 차는 사라졌다. 다행히 아내가 수소문을 해서 강아지 가슴 줄과 차량용 안전벨트를 연결하는 클립을 찾아냈고, 모든 물건이 그렇듯 꼼꼼히 검토한 후 3개를 주문했다. 딱 봐도 견고하게 잘 만든 튼튼한 재질의 물건이었고 역시나 비쌌다. 외출할 때마다 덩치 큰 켄넬을 조립해서 차까지 들고 오르락 내리락하는 번거로운 일도 줄여주니 여러모로 편리한 셈이다.

이제 모든 문제가 해결되었을까? 그럴 리 없다. 개 3마리를 안전벨트에 묶으면 사람은 안전벨트를 맬 수가 없다(그걸 미리 생각 못 하다니). 게다가 뒤 좌석 2개는 클립이 들어가는데 중간 자리는 클립이 사이즈가 안 맞아 사용이 불가능하다. 결국 아무리 큰 승용

차라도 운전석 한자리를 뺀 앞자리와 뒷자리를 모두 동원해야 개 3마리 동반 외출이 가능하다는 이야기다.

아무튼 개 3마리를 할 수 없이 혼자 데리고 외출했다 돌아온 아내가 하는 말, 니카가 벨트 클립을 혼자서 눌러서 뺐단다. 아마 흥분해서 발버둥치다 정말이지 어쩌다 우연히 눌러졌을 거라고 믿고 싶다.

개에게 바치는 시간

어쩌다 하는 자동차 외출보다 더 현실적인 고단함은 강아지 산책이다. 내가 우리 집 가족 모두에게 적잖은 비용을 감당하면서도 비난의 대상이 되는 이유이기도 하다. 아이들은 "아빠는 개를 예뻐만 하고 산책시키는 일은 잘 안 하려고 한다"며 툴툴댄다. 아내는 내게 개 산책을 부탁하느니 자기가 다녀오는 것이 훨씬 덜 피곤하다면서도 내심 불만이 많다. 여기서 강아지 산책의 중요성을 굳이 열거할 필요는 없겠다.

나도 다 안다. 유럽에서는 하루에 2번 산책을 안 시키는 견주는 동물 학대로 신고 대상이라는 이야기를 들었다. 나를 포함한 우리 가족 모두 이에 진심으로 동의한다. 산책은 매일 건강한 식사와

/ 미용실에 다녀오는 길 /

차 안에서 안전벨트 클립을 맨 도파와 니카의 모습이다.
차를 타면 불안감과 흥분을 보이는 녀석들을 데리고
자동차 외출을 하는 일은 여간 힘든 게 아니다.

신선한 물을 챙겨주는 것만큼이나 중요한 일이다. 핑계 같지만 한 마리 개를 산책시키는 것과 3마리 개를 산책시키는 것은 난이도가 다르다.

대부분의 개들처럼 우리 집 개들도 산책 나가는 것을 격하게 좋아한다. '달려라 하운드'의 피를 물려받은 베들링턴 테리어 2마리는 말할 것도 없고, 어려서 무릎에 철심 박고 나이 들어서는 고관절 수술을 받은데다 기관지 협착으로 조금만 뛰어도 숨 넘어가는 소리를 내는 세로토조차 식구들 중 누군가가 산책 나갈 마음의 준비만 해도 안다. 바로 마구마구 짖어대기 시작한다. 좋아하는 일을 충분히 해주자니 몸이 너무 고단하고, 꾀를 피우자니 마음이 불편하다.

날이 흐리면 곧 비가 내릴지 몰라서, 비가 오면 비 맞으면 안 되니까, 비가 그치면 땅이 젖어서 등등 자꾸 핑계가 늘어난다. 아이들 어릴 적에 놀이동산 가면, 기다리는 줄이 제일 짧은 놀이기구부터 찾던 생각이 난다. 아이들은 수퍼파워 초울트라 에너자이저지만 어른들은 늘 방전 직전의 간당간당한 배터리 같았다. 애들도 다 키웠건만 에너지 충전 100%인 우리 개들 때문에 마음 편히 쉬기는 다 틀렸다.

CHAPTER 03

매우 주관적인,
그러나 정신과적인 강아지 훈련

사람과 반려견이 함께 살기 위해서는 강아지에게 교육과 훈련이 필요하다. 보통은 배변 훈련, 산책 훈련 정도면 충분하지만 건강한 반려견일지라도 크고 작은 문제 행동을 한 가지 정도는 가지고 있기 마련이다. 짖거나 물거나 분리불안이 있거나 다른 개들과 잘 어울리지 못하거나 식분증이 있을 수도 있다. 그리고 이 대부분 개들의 문제에는 사람의 문제가 함께 존재한다. 반려견을 이해하고 건강하게 키우며 행복하게 함께 살기 위한 방법은 무엇일까?

산책중인 도파와 니카

잠시 후면 친구들이 기다리는 공원에 도착한다.
그 공원에 모이는 많은 개들은 다양한 견종만큼이나 성격이 달라서
모여 놀다 보면 유치원 아이들처럼
엎치락뒤치락 실랑이가 벌어지곤 하지만
다들 공원으로 산책을 나온,
그리고 공원으로 기꺼이 산책을 데리고 나와준 보호자가 있는
다같이 즐거운 개들이다.
친구들을 만나 격하게 인사를 나누고
다른 개 주인들에게도 기꺼이 꼬리를 흔들어주고
우리 집 거실에서는 결코 보여준 적 없는 스텝을 밟으며 뛰는
우리 개들 역시 즐거워 보인다.

우리 개는
진짜 똑똑해요

먹기 쉽게 아예 뚜껑을 뜯어버린 니카, 기다렸다가 간식을 차지하는 도파와 세로토 중 누가 더 똑똑할까? 내 생각에는 장난감을 만든 사람이 더 똑똑했어야 했다.

　못 보던 물건이 있는데 생김새를 보니 역시나 멍멍이용 장난감이다. 저런 것을 뭐라고 부르는지 잘 모르겠지만 만든 사람도 신기하고 구해온 사람도 대단하다. 이번에는 무려 개들의 지능계발 학습기구란다. 그러고 보니 어느 컨벤션센터에 반려동물 박람회를 알리는 대형광고가 걸렸던데 분명 거기 다녀온 모양이다.

휴일에 마트도 혼자 가는 아내가 나를 데려갈 리 만무한 이런 박람회는 대충 알기로도 일년에 서너 번 이상 열리는 듯한데 그때마다 아내는 전투에라도 나가는 군인처럼 큰 배낭과 운동화부터 챙긴다. 여럿이 갈 때면 미리 작전 계획도 짜는 눈치다. 딱 한번 개들도 데리고 간 적이 있는데, 이제 다시는 그런 짓 안 한단다.

아내 말로는 거기 오는 사람들은 개를 등에 업거나 가슴에 매달고 오는데 쇼핑한 물건을 들려면 두 손이 다 필요해서란다. 당신이 먹기 위해서가 아니라 먹여 살리기 위해 헌신하는 다른 종의 반려동물 관련 시장이 부쩍 커진 건 우리 집 카드결제내역만 봐도 알 수 있다. 사료, 간식, 용품, 옷은 그렇다 쳐도 개 장난감이라니. 내가 아는 개 장난감은 내 신발, 내 리모콘, 내 양말, 내 안경인데 말이다. 머지않아 강아지 장난감 시장이 유아용 완구 시장만큼이나 커질 모양이다. 집집마다 아기는 없어도 개는 있으니 말이다.

누가 누가
잘 하나?

3마리 반려견을 키우는 집답게 우리 집 거실에도 꽤 많은 장난감과 그것들을 담아놓은 바구니, 그 바구니에 채 들어가지 않는 장난감이 포진하고 있는데 그 중에는 헌 옷 수거함에서 들고 왔음직한 너덜너덜한 담요도 있다. 저런 누더기 담요를 정말 돈 주고 샀느냐고 물어봤더니 노즈워크용 강아지 코 담요란다. 개의 후각 활동을 실내에서도 하게 함으로써 스트레스를 해소하고 자존감까지 높여준다는 핸드 메이드 제품이다. 어렵지는 않아서 담요 구석구석 작은 간식을 감춰놓으면 냄새로 찾아 먹으면 된다. 기껏해야 반의 반 평도 되지 않는 담요에 아무리 많은 간식을 숨겨 놓은들 순식간에 다 털어먹을 것이 분명한데 우리 개들을 무시해도 너무 무시했다.

내 예상대로 가장 큰 사이즈로 샀다는 코 담요에 콩알만한 간식을 요령껏 숨겨 놓아봐야 3마리 개의 노즈워킹은 30초면 끝난다. 괜히 여기저기 냄새만 묻혀놓는 통에 간식이 양에 차지 않아 불만인 녀석들이 담요까지 물어 뜯는 통에 안 그래도 심란한 코 담요는 얼마 못 가 제대로 누더기가 되었다.

아! 담요를 물어 뜯어서 스트레스를 푸는 놀이였나? 우리 개들은 확실히 장난감보다 리모콘을 좋아하는데도 아내나 아이들은 열심히 장난감을 사온다. 그리고 나는 망가진 리모콘을 새로 주문한다. 공이나 소리가 나는 오리 같은 스테디셀러부터 불빛이 번쩍거리는 럭비공 같은 트렌디 품목에 이어 드디어 지능계발 장난감까지 합류했다.

개 3마리가 예방주사를 맞아야 하는 날이면 손이 필요한 아내를 도와 동물병원에 가야 한다. 요즘 동물병원은 워낙 시설이 좋고 인테리어도 잘해놔서 갈 때마다 우리 병원도 분발해야겠다는 생각이 든다. 직업은 못 속인다고 진료 대기실에 있다 보면 다른 사람들을 관찰하게 되는데 여간 흥미로운 게 아니다.

여기서는 보통 개 이름으로 통성명을 하는데 아내는 '도파맘'이다. 거기서 만나는 사람 대부분은 세상의 모든 개를 다 좋아하고 그 중에서도 자신의 개를 최고로 좋아한다.

그러다 보니 내 새끼가 제일 잘나고 예쁘다는 생각에 다른 개들을 힐끔거리며 비교를 하는 모습이 딱 유치원 재롱 잔칫날 학부모 같다. 다른 개들을 보며 "잘생겼다"라든지 "귀엽다"라고 말을 건넬 때는 어서 빨리 나의 개를 보고 당신도 폭풍 칭찬을 해달라는 경우고, 다소 중립적으로 나이나 성별을 묻는 것은 본인이 하고 싶은 이야기가 있어서 먼저 말을 거는 경우다. 한두 마디 말을 섞다 보면 보다 친밀한 대화로 발전하는데 이쯤에서 본격적인 내 강아지 자랑이 시작된다.

그 중에서도 가장 흥미로운 주제는 '우리 개가 얼마나 똑똑한가'다. 이목을 집중시킬 만한 특이한 견종이거나 딱 봐도 너무 잘생긴 개들의 보호자는 문을 들어서는 순간부터 쏟아지는 관심과 질문에 피곤하겠지만 자신의 개가 평범한 외모 뒤에 놀라운 영리함이 숨겨져 있다고 믿는 대다수의 사람들은 남들이 그걸 몰라볼까봐 조바심을 낸다. 난생 처음 보는 사람에게 "우리 개는 베토벤과 아이돌 노래를 구분해 꼬리 흔드는 게 다르다"라거나 "리모콘을 구분해서 가져다준다" 하는 등의 이야기를 진지하게 늘어놓는 이유다. 동물병원 로비뿐 아니라 애견 카페, 산책 나간 공원에도 그런 사람은 많다.

우리 개는
천재예요

이런 '개 바보' 분이 가까이에도 한 분 있다. 아내는 내 차가 아파트 단지 입구를 통과하기만 해도 세로토가 내가 집에 돌아온 걸 알아차린다고 주장한다. 처음에는 자기도 긴가민가 했는데 세로토가 짖기 시작하면 잠시 후 정확히 내가 들어오니 확실하단다. 알고 보니 주인을 텔레파시로 추적하는 초능력 강아지가 우리 집에 살고 있었다.

도파와 해탈이(도파 남편), 둘 사이에 태어난 5마리 새끼들은 일년에 한번 생일파티를 겸해 모인다. 새끼들을 떠나 보낸 아쉬움에 돌 잔치라도 해주자고 시작한 모임인데, 두 달 키워 보낸 사내놈들부터 일년 가까이 같이 살던 가바까지 자라는 모습을 이렇게 볼 수 있으니 명절이 따로 없다.

개들이 모이자니 보호자들도 함께 모여야 해서 꽤 머릿수가 많아진다. 왁자지껄한 첫 인사와 식사 후 모처럼 만난 도파 가족이 뛰어 노는 동안 보호자들끼리 밀린 이야기를 나누는데 당연히 개 자랑이다. 시작은 늘 해탈이다. 해탈이 재주는 매년 가짓수가 늘어나는데 처음에는 리모콘을 물어다주더니 지금은 부탁하면 등도 긁어준단다. 뒤를 이어 셋째 루이가 '한 바퀴 돌며 하이파이브'를 선보였고, 가바 역시 '박자 맞춰 삑삑이 연주'에 이어 또 뭔가 연습 중이란다.

다들 왜 이러시나 모르겠다. 딱히 선보일 재주가 없는 우리 개들은 그냥 잘 먹고 잘 놀고 잘 잔다. 리모콘은 가져다주지 않아도 되니 망가뜨리지나 말았으면 싶고, 등도 벽지도 문도 그저 아무것도 긁지 않아야 고맙다. 배운 적이 없어 못 하는 거지 가르쳤는데 못 하는 게 아니니 우리 집 개들이 머리가 나쁜 게 아니라고 믿는다. 그래도 해탈이의 등 긁어주는 재주는 살짝 부럽기는 하다.

일반적으로 개들은 성견이 되었을 때 4세 어린이, 경우에 따라 5~7세의 지능을 가진다고 알려져 있다. 물론 사람의 지능과 단순 비교를 하는 건 무리여서 사냥하거나 길을 찾을 때 보여주는 기억력과 문제해결 능력은 매우 높은 수준이지만 가게에 들려 아이스크림을 사 먹지는 못한다. 미국에서 1천 개의 단어를 구분해낸 보더콜리 강아지가 큰 화제가 된 적이 있지만 평균적인 능력을 뛰어 넘는 천재가 개라고 나오지 말란 법은 없다.

개 심리학자인 스탠리 코렌Stanley Coren은 개의 지능을 적응적 지능, 육감적 지능, 공간 지능, 실용적 지능, 운동 지능 그리고 대인

적 지능으로 나누고 지능 순으로 6단계로 견종을 분류했는데 다들 한번쯤은 접해 봤을 '세계에서 가장 똑똑한 개 베스트 10' 또는 '우리 개 지능 순위 알아보기'는 모두 여기에 기초한 것이다.

궁금해서 우리 개들도 찾아봤는데 포메라니안인 세로토는 23위로 2등급 수재형 그룹, 도파랑 니카는 40위로 4등급 평균그룹에 속한다. 이게 뭐라고 살짝 기분이 상하는지 모르겠다. 4등급 아래로는 조금 노력해야 한다는 5등급, 분발해야 한다는 '멍청이' 그룹이 마지막 6등급이다. 코렌 교수는 분류 기준을 설명하며 "1등급 견종은 5회 미만의 반복으로도 새로운 명령을 학습하고 95% 이상 복종할 수 있다"라고 했다.

엄친견과 문제견

코렌 교수의 이 기준은 훈련 가능성이나 사회성, 사람의 제스처나 말을 이해하는 능력, 복종심 등의 평가를 기초로 한 것이다. 다시 말해 "말 잘 듣는 개가 똑똑하다"는 말은 사람의 입장에서 만든 것이다.

가장 머리가 좋다는 1등급 견종을 살펴보면 더 확실해진다. 부동의 1위는 보더 콜리, 그 밑으로 푸들, 저먼 셰퍼드, 골든 리트리버, 도베르만 핀셔, 셰틀랜드 쉽독, 래브라도 리트리버, 파피용, 로트와일러 그리고 오스트레일리아 캐틀독까지 10마리의 개가 속해 있다. 일단 목축견이 3마리 보인다. 보더콜리와 셰틀랜드 쉽독, 오스트레일리아 캐틀 독이다. 지금은 맹인 안내견으로 유명하지만 원래는 조렵견鳥獵犬인 골든 리트리버의 조상은 러시아 캅카스의 목양견인 러시아트래커다.

우리에게 친숙한 저먼 셰퍼드와 로트와일러는 목축·경비·경찰견으로 쓰이는 대표적인 사역견으로, 로트와일러의 조상은 로마군이 유럽으로 원정 다니던 시절부터 식량용 소를 몰아 알프스 지역을 넘어다녔다. 도베르만 핀셔는 처음부터 경호견으로 육성된 견종이다. 대충 봐도 '일 복' 있는 개들만 모여있다. 양을 몰든 맹인을 안내하든 범인을 쫓든 경비를 서든 고된 훈련을 견뎌내는 인내심과 사람에 대한 복종심이 탁월해야 이 그룹에 낄 수 있다.

그럼 푸들은 어떨까? 푸들의 프랑스 이름인 '카니쉬caniche'는 오리 암컷을 의미하는 '칸cane'에서 유래했다. 물가에서 첨벙거리는 행동 때문이라는데 알고 보니 야생물새 전문 사냥개 출신이다.

70위부터 10마리가 속한 6등급 중 꼴찌인 79위는 아프간 하운드다. 뾰족한 얼굴과 비단 같은 긴 털, 아몬드 모양의 동양적인 두 눈으로 워낙 귀족적인 풍모를 지닌 지라 TV나 잡지 광고 모델로 종종 등장한다. 노아의 방주에 탄 개라는 설이 있을 만큼 유서 깊은 가문에 시시한 물새 따위가 아닌 영양, 가젤, 심지어 늑대 사냥에도 이용된 대형 수렵견인 이 개가 세상에서 가장 머리 나쁜 개로 선정된 이유는 훈련이 너무 힘들고 최악의 복종심을 지녔기 때문이다.

사람도 고분고분하지 않으면 직장에서 인사고과가 나쁜 법이다. 그러니 개한테 무엇을 시킬 일 없는 사람이라면 순위만 보고 실망할 필요는 없다.

이제 지능계발 장난감도 생겼으니 우리 개들이 얼마나 똑똑한지 궁금해진다. 이 장난감은 가로지른 막대기에다 입구에 구멍이 뚫린 투명한 플라스틱 통을 달아놓은 것인데 꼬치에 꿰어져 빙글빙글 도는 전기구이 통닭을 떠올리면 된다. 통에 들어있는 간식을 먹으려면 통을 쳐서 돌려 간식이 뚜껑의 구멍으로 빠져 나와야 하는데 돌리는 타이밍이 중요하다. 처음이니까 간식이 나오기 쉽게 구멍이 큰 뚜껑부터 끼고 시작해봤다. 근데 일이 좀 이상하게 돌아간다. 일단 세로토는 도파랑 니카에게 떠밀려 근처에 가지도 못한다.

도파는 통 돌리기가 귀찮다는 듯 곧 흥미를 잃는다. 니카가 열심히 하는가 싶더니 답답했는지 아예 병뚜껑을 씹어서 뜯어버렸다. 뚜껑이 사라진 통에 든 간식은 대충 툭 쳐도 사방으로 튀어 나왔고, 덕분에 도파나 세로토는 앉아서 날아오는 간식을 주워 먹기만 하면 됐다. 통은 니카가 돌리고, 간식은 도파나 세로토가 먹는 이 광경을 보고 있자니 생각이 복잡해진다. 먹기 쉽게 아예 뚜껑을 뜯어버린 니카, 발 한번 안 쓰고 기다렸다가 간식을 차지하는 도파와 세로토 중 어느 쪽이 더 똑똑한 걸까? 내 생각에는 일단 장난감을 만든 사람이 좀 더 똑똑했어야 했다(사온 사람이 더 멍청하다고는 차마 말 못하겠다).

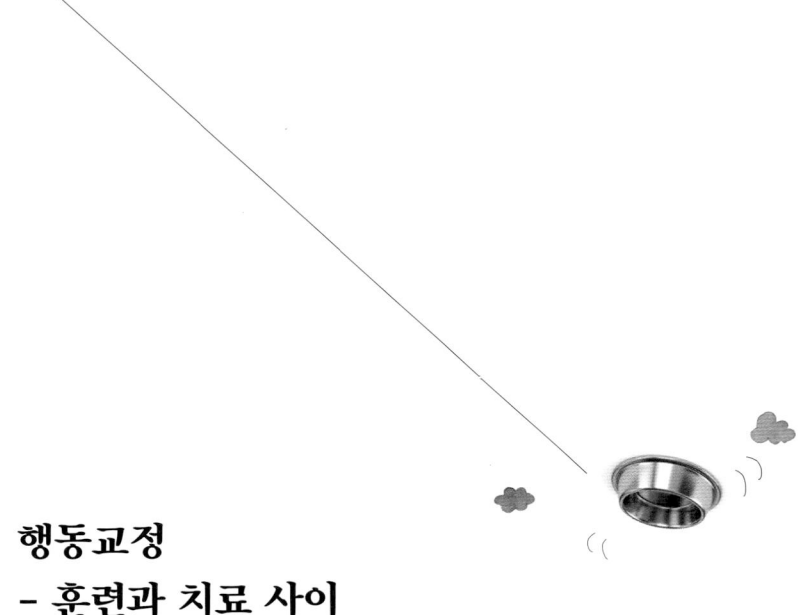

행동교정
- 훈련과 치료 사이

아내의 준비에는 '개에 대해 무지몽매한 남편을 잘 훈련시키는 일'이 포함되어 있었을 것이다. 적어도 우리 집에서는 개보다 내가 훈련이 더 필요했다는 말이다.

집에 양을 키우는 것도 아니고 사냥은커녕 낚시 쪽으로도 취미가 없다. 우리 집 개들은 일 안하고 종일 빈둥거려도 된다는 뜻이다. 도둑을 염려할 만한 집 구조도 아니어서 바깥 인기척에 짖기라도 하면 되려 곤란하기만 하다. 시킬 일이 없으니 훈련이랄 게 그저 배변이나 가리게 하면 되지 싶은데 다른 집들은 꼭 그런 것만은 아닌 모양이다. TV든 책이든 인터넷이든 개 훈련에 대한 콘텐츠가 넘쳐난다. 허들 뛰어넘기나 폭발물 탐지, 물건 집어오기 같은 훈련이 아니고 대부분은 문제 행동에 대한 교정이다. 주인을 무는 개, 주인만 빼고 다 무는 개, 분리불안이 심한 개, 산책을 못 나가는 개, 걸핏하면 뛰쳐나가는 개, 너무 살이 쪄 걷기도 힘든 개, 심지어 청양고추를 먹는 칠리 캐릭터 개까지 등장한다.

이 분야의 해결사로는 수의사, 동물행동전문가, 심리치료사, 조련사들이 있다. 이 분들이 교육이든 훈련이든 치료든 몇 가지 솔루션으로 이 힘든 일을 해결하는 모습을 보면 절로 존경스럽다. 나보고 알아들을 수 없는 소리만 지르는 환자의 행동만 보고 진단하고 치료하라고 하면 그냥 포기하고 다른 직업을 알아보겠다. 게다가 환자를 치료하는 것만큼 힘든 일이 보호자 면담인데 가만 보면 개보다 주로 보호자를 교육시킨다. 대부분의 문제는 둘 중 하나다. 개의 문제이거나 사람의 문제다.

뭘 모르는 사람

먼저 사람의 문제를 보자. 사실 현재 우리나라의 주거 형태는 반려견을 키우기 적합한 형태라고 보기는 어렵다. 아무리 개들이 오랜 세월에 걸쳐 사람과 살기 적합한 형태로 진화해 왔다지만 방까지 같이 쓸 만큼 진도가 나간 것은 아니다. 특히 도심이라면 많이 뛰고 체취를 남기고 냄새를 맡아야 하는, 활동반경이 넓은 네 발 달린 개들이 사람과 함께 좁은 공간을 공유하며 실내견으로 살아야 한다.

부지런한 주인을 만나 일정하게 산책이라도 하면 다행이다. 산책은커녕 빈 집에서 대부분의 시간을 주인을 기다리며 보내는 개들도 많다. 그것도 무리 생활에 익숙한 개가 나 홀로 말이다. 게다가 주인들이 원하는 바른 행동이란 개보다는 사람을 위한 일이 태반이다. 낯선 인기척에 당연히 짖어야 할 개들에게 조용히 하라고 하고, 뒤질 덤불도 쫓을 다람쥐도 없는 방안에서 아무것도 건드리지 말라고 한다. 대부분의 반려견이 감내해야 할 이런 환경이 안타깝지만 마당 있는 집이 없다고 개를 키우지 못하게 할 수는 없다. 다만 문제행동에 대한 이해와 학습이 필요하다.

수의학의 행동치료에서 행동장애를 사전에 예방하는 보호자교육은 주된 업무 중 하나다. 문제는 사육환경이란 것이 간단한 문제가 아니어서 원인을 알아도 해결할 수 없는 경우가 꽤 많다는 데 있다. 극심한 분리불안을 보이는 개에게 낮에 집을 비워야 하는 보호자들이 택할 수 있는 솔루션이란 최선이 아닌 차선일 수밖에 없다. 그에 비하면 자꾸 간식을 주어 반려견을 고도비만으로 만든 경우 보호자가 협조만 하면 되는 비교적 간단한 문제다.

다행인 점은 힘들다고 개를 유기하지 않고 도움을 요청하는 보호자들은 전문가의 조언에 귀를 기울이고 노력할 자세를 갖춘 사람이라는 것이다. 원인을 알고 나면 보호자는 다 내 탓이었다고 반성하고, 그간 억울했을 반려견에게 미안해하고, 앞으로 오래오래 행복하게 잘 살자며 해피엔딩을 다짐한다.

그래서 우리 가족 모두 열혈 애청자인 프로그램 제목은 〈세상에 나쁜 개는 없다〉다. 개를 키우는 사람이라면 이런 콘텐츠를 적극적으로 찾아보고 공부하길 권한다. 아기를 낳아 기르면서 부모가 알아야 할 것들이 얼마나 많은지 떠올려보면 된다. 육아의 지혜를 전수해줄 어른이 안 계신 요즘 젊은 부모들은 부지런히 학습하고 정보를 공유한다. 하물며 우리는 개가 아니니 강아지 육아법을 본능에 의지해 터득할 수는 없다. 다양한 콘텐츠를 보는 것은 좋은 학습방법이다. 나 역시 많은 도움을 받는다.

우선 입이 딱 벌어지게 말썽 피우는 개를 보면 우리 개들의 소소한 말썽이 큰 문제가 아니라는 것을 알게 된다. 인터폰 소리에 정신 쏙 빼게 짖는 개를 보며 그래도 밥값을 하려고 하는 거니 야단 칠 일은 아니라고 너그럽게 넘어갈 수 있다. 어쩌다 화장실이 아닌 곳에 대소변을 보면 제때 패드를 치워주지 않아 녀석에게 스트레스를 줬나 싶어 미안하다. 여러 번 산책을 거르면 벽지를 뜯어도 할 말이 없다.

알면 이해하게 되고, 이해를 바탕으로 소통할 수 있다. 소통에 실패해도 불필요한 오해로 문제가 더 악화되지 않으니 그것만으로도 큰 소득이다.

나쁜 개가 아니라
아픈 개

다음은 진짜 개의 문제다. 내 전문분야는 공황장애다. 많은 환자들은 진료실에서 마주 앉기 전까지 수많은 신체증상으로 호흡기 또는 심장내과부터 신경과, 한방치료까지 두루 병원을 순례했다는 공통점이 있다. 결국 수많은 검사를 통해 심장이나 호흡기 등의 문제가 아니라 뇌의 경보장치인 청반핵의 오작동, 즉 공황장애로 진단받는다. 두근거림, 어지러움, 호흡곤란, 공포감 등 견디기 힘든 주관적인 증상을 말로 하소연할 수 있기 때문이다.

반면 개들은 의사에게 어디가 얼마나 아픈지 말해 줄 수 없다. 문제행동이 몸이 불편해서 생긴 건 아닌지 알아내는 것은 수의사의 몫이다. 찾아내는 과정은 당연히 힘들다. 섬세한 관찰과 풍부한 임상경험을 필요로 할 것이다.

그게 아닌 정신과적 문제라면 내가 아는 거의 모든 병명을 동원해도 무방하다. 방임과 방치로 인한 분리불안, 때로는 학대, 어떤 경우는 주인의 만성적인 불안이나 일관성 없는 행동이 결국 보호자를 경악하게 만드는 행동으로 이어지기도 한다.

유럽은 물론 수의학이 발달한 미국에서 동물정신과 전문의가 따로 존재하는 것이 이해가 간다. 설마 정신과 의사가 환자를 푹신한 의자에 편안하게 눕혀놓고 상담이나 최면으로 치료한다고 생각하는 것은 아니리라. 일반적으로 정신의학적 치료는 심리평가, 정신치료(개인 또는 그룹), 약물치료 등이 결합된 형태로 이루어진다.

이번에 알게 된 점이지만 수의학에서 동물행동치료의 3원칙이 관리, 교육, 투약이란다. 다르지 않고 그럴 줄 알았다. TV에서 보여주는 솔루션이 내 눈에는 마법처럼 보였다. 건강에 문제가 없으면서 문제행동을 보이는 반려견은 3세 정도의 지능을 가진 상처 입은 성인과 유사하다. 제대로 소통이 안 되니 원인은 찾기 힘들고, 치료 효과는 더디다. 반려견, 치료자, 보호자 모두 끝없는 노력과 인내가 필요한데 이 모든 걸 끌고 나가는 것도, 포기하는 것도 결국은 보호자다. 쉽지 않다는 이야기다. 한 시간이 채 되지 않는 TV 프로그램에 담을 수 없는 고민과 시행착오, 실패가 있으리라 짐작해본다.

다친 상처가 아무는데도 시간이 필요하듯 정신적인 상처도 원인을 알아내는 건 긴 치료와 훈련의 시작점에 불과하다. 그리고 지워지지 않는 흉터나 장애가 남듯 치료나 훈련으로 극복되지 않는 문제도 분명히 존재한다. 장애아를 더 사랑으로 보살피듯 문제견을 보살필 자신이 없다면 애초에 반려견은 집안에 들이지 않는 것이 맞다.

충격적인
식분증

우리 집에서 잠시라도 함께 살았던 개들은 크고 작은 문제들을 가지고 있었다. 2007년 대선 날 잃어버려 우리 가족을 비탄에 빠지게 한 스티치는 식분증食糞症이 있었다. 요크셔 테리어치고도 워낙 앙증맞은 체구여서 가족들이 서로 품에 안고 예뻐라 하던 개다. 똥을 먹는다는 건 큰 충격이었고 무슨 수를 써서라도 해결해야 할 시급한 문제였다.

뽀뽀를 못 하는 건 둘째 치더라도 스티치의 건강이 염려되었다. 이유를 알아야 해결을 할 텐데 이게 쉽지가 않다. 스티치는 식분증 중에서도 자가식분증autocoprophagia이 아닌 다른 개의 대변을 먹는 '종내식분증intraspecific coprophagia'으로, 같이 키우던 말티즈종 모찌의 똥을 먹는 걸로 추정되었다. 추정이라는 말을 사용한 것은 현장을 한번도 목격하지 못했기 때문이다. 방금 전까지 있던 모찌의 똥이 순식간에 사라지고 스티치의 입에서는 똥 냄새가 꼴꼴 나니 그랬을 것으로 짐작할 뿐이다.

모찌의 화장실을 분리하고, 온 식구가 촉을 세우고 있다가 개 똥이란 똥은 싸자마자 즉각 치우고 나중에는 모찌똥에 쓴 약을 대량 살포해서 결국에는 나쁜 버릇을 고치긴 했지만 아직도 정확한 이유는 모른다. 아마도 우리 집에 오기 전 나쁜 환경에서 생겨난 문제이지 싶다. 아무튼 똥을 끊은 이후에도 우리 가족은 스티치가 애교를 부리며 뽀뽀라도 할라치면 기겁을 해서 피하곤 했다.

스티치를 잃은 후, 안락사 하루 전에 데려온 유기견 수진이는 전혀 다른 문제를 가지고 있었다. 바로 다른 개에 대한 심각한 두려움이었다. 그 사실을 알게 된 건 세로토가 오고 난 후였다. 수진이는 자기 덩치의 1/4도 안 되는 고작 8주차 강아지 세로토를 필사적으로 피해다녔다. 수진이가 마침내 찾아낸 안전지대는 소파 위였는데 거긴 아직 어린 세로토가 뛰어 오르지 못하기 때문이었다. 놀자고 소파 아래에서 박박 긁는 세로토를 피해 소파 제일 안쪽에서 웅크린 채 바들바들 떨던 수진이는 세로토가 사라지지 않는 한 절대 내려오지 않았다. 밥도 안 먹고 화장실도 안 간다. 아무리 맛있는 간식으로 달래보아도 소용 없었다. 이번 일은 해결이 쉽지 않아 결국 전문가의 도움을 받기로 했다.

아내는 수진이와 세로토를 각각 다른 케이지에 넣어 훈련소를 찾아갔다. 면담을 하고 훈련을 시작한 지 10분 만에 수진이와 세로토는 커다란 방석 위에 비록 등을 돌리긴 했지만 같이 앉아 있는 데 성공했고, 반복 훈련 끝에 좀 더 작은 공간에서도 피하지 않고 같이 있을 수 있게 되었다.

너무 쉽게 해결을 보고도 믿기지 않아 하는 아내에게 훈련소장님이 해준 이야기가 있다. 수진이는 세로토를 무서워한 것이 아니고, 단지 세로토에게 주인을 뺏길지도 모른다는 두려움과 경계심이 크다 보니 세로토가 너무 싫었던 거란다. 보통 이런 경우 세로토를 공격하는 것이 일반적인데 수진이 행동이 특이하다고 했다. 불쌍한 유기견 출신 수진이는 자기 방식대로 소심하게 의사 표현을 했던 것이 아닌가 싶다. 훈련소를 다녀온 후 수진이가 세로토를 피해 하루종일 소파 위에 있는 일은 없었지만, 우리 집을 떠날 때까지 끝내 둘이 같이 노는 모습을 보지는 못했다.

3마리 개들이 함께 사는 지금에 이르러 어느 정도 경험도 쌓이고 관심도 커진 나는 개의 문제 행동에 대해 내 나름의 기준이 생겼다. 우선 개들의 성격을 파악하고 존중해야 한다는 것이다.

도파는 샘이 많다. 우리가 니카와 놀면 아무리 자기 새끼여도 그런 꼴을 못 본다. 모견과 일찍 떨어져 애견샵에 오게 되면서 생긴 애정결핍증상일 수도 있다. 그래서 우리 가족은 철딱서니 없는 엄마라고 야단치는 대신 뭐든 니카보다 먼저 챙겨준다. 그게 간식이든 관심이든 말이다. 사실 핏덩이 때부터 키운 니카가 조금 더 예쁘긴 하지만 도파에겐 비밀이다. 자식보다는 손자나 손녀가 더 예쁘니까 말이다. 혹여 도파가 질투로 자기 새끼를 공격하거나 관심을 끌기 위한 행동을 한다면 그건 전적으로 우리 책임이다.

/ 현관에서 방문객을 맞는 세로토, 도파, 니카 그리고 가바 /
아파트에서 여러 마리 개들을 키울 때 가장 곤혹스러운 순간은
누군가 집에 찾아올 때다. 개들은 반가와도 반갑지 않아도 일단 짖기부터 하니,
경험상 가장 난이도가 높은 훈련이다.

집에서 태어난 니카는 자존감이 높고 매사에 거리낌이 없다. 자신이 사랑받고 있다는 점에 추호의 의심도 없어서 어지간한 야단으로는 눈도 꿈쩍하지 않는다. 눈치도 안 보고 호기심도 많아 3살이 넘은 지금도 심심치 않게 사고를 친다. 니카 대신 가바를 다른 집에 보내야 했던 이유이기도 하다.

우리는 니카와 잘 지내기 위해 말썽을 미연에 방지하는 걸로 방향을 정했다. 부엌 식탁에는 음식을 놔두지 않고 현관은 신발 한 켤레 없이 깨끗하게 정리했다. 전선이든 코드든 잘 정리해서 니카의 호기심을 끌지 않도록 했고, 소소한 물건들도 안전한 자리로 옮겨 놓았다. 집이 깔끔해지니 아내가 제일 좋아한다. 가끔 아이들이 제 방을 안 치우면 니카를 불러온다고 겁을 주는 눈치다. 세로토는 신경질을 좀 부린다. 예민하고 까탈스러운 견종 특성도 있지만 여기저기 아픈 데가 많아서 그렇다. 귀찮게만 안 하면 되는데 다행히 나를 안 좋아해서 내 옆으로는 잘 안 온다.

훈련이 필요한 건
사람

   3마리 개를 키우면서 이런저런 말썽으로 힘들었지만 아이들 키울 때처럼 당연히 겪고 넘어갈 일이니 기꺼이 감당해야 했다. 우리 개들이 엄친견은 아니지만 감당 못할 말썽꾸러기들도 아니다. 말썽을 피웠어도 이유가 있거나 참아낼 만했다는 이야기다. 세로토가 자주 짖어 애를 먹이기 시작한 건 38층에서 살다가 1층으로 이사를 온 이후부터였다. 거실 창 밖으로 하루 종일 아이들이 뛰어다니고 택배차가 들락거리니 세로토 입장에서는 쉴래야 쉴 수가 없었던 것뿐이다.

   물론 모든 말썽이 별일 아니라고도 못하겠다. 집에 자신을 서너 시간 두고 나갔다고 온 집안을 난장판을 만들거나 사료포대를 뜯어 사방에 흩뿌려놓거나 가구 다리를 죄다 곰보로 만들어 놓거나 지금은 구하기도 힘든 리모콘을 망가뜨려 놓는 일을 참아내기 힘든 사람도 있는 법이다. 환경에 따라서 여기서는 별일 아닌 것이 저기서는 얼마든지 별일이 될 수 있으니 말이다.

개인 주택을 사무실로 쓰는 미디어 관련 회사가 있다. 그 회사는 매번 직원이 직접 나와 대문부터 현관까지 바짝 붙어 방문객을 안내한다. 길을 잃을 만큼 대저택도 아니고 다른 출입구가 있는 것도 아닌데 왜 그럴까 했더니 다 이유가 있었다. 마당에서 키우는 달마시안이 어찌나 여기저기 땅을 잘 파놓는지 여러 사람 잡을 뻔했단다. 최근에 새로 판 구멍이라고 보여주는데 깊이가 어른 무릎 높이다. 멋모르고 앞만 보고 걷다간 빠져서 발목 부러지기 딱 좋아 보였다. 멋있긴 해도 집안에서 키우긴 곤란한 취미를 가진 개다. 땅 파는 즐거움을 가진 개는 아파트가 답답하고, 주인밖에 모르는 개는 빈집에서의 긴 시간이 고통스럽다.

주인의 사랑만으로 이 모든 일을 견디라고 하는 건 무리다. 그래서 수없이 문제견들을 상담하고 교육시키는 모든 전문가들이 한결같이 "준비 없이 개를 키우면 안 된다"고 말하는 것이다. 갑자기 아무 생각 없이 덮어놓고 애만 낳아서 어쩌자는 거냐는 말이 생각난다. 그래서 요즘 젊은 부부들이 너무 생각을 많이 하다 보니 산부인과 전문의인 내 동기들만 시름이 깊어져간다.

그에 비하면 개를 키우는 문제에 대해서는 참 대책 없이 용감한 사람이 많다. 그 무식한 용감함을 바로 폭발적으로 늘어나는 유기견이 증명하고 있다. 부끄러운 일이다.

돌이켜보면 나 역시 대단한 준비를 하고 개를 키우기 시작한 것은 아니다. 개를 키우겠다고 한 사람은 내 아내다. 물론 아내의 준비에는 '개에 대해 무지몽매한 남편을 잘 훈련시키는 일'이 포함되어 있었을 것이다. 적어도 우리 집에서는 개보다 내가 훈련이 더 필요했다는 말이다.

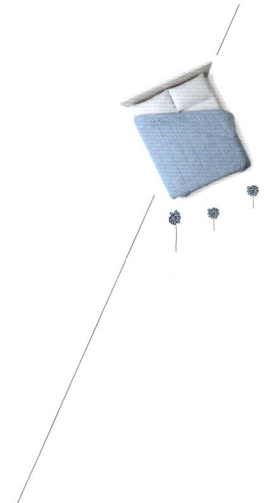

간식을 달라
- 배변 훈련

약속된 장소에서 배변을 보게 하기 위해 제때 패드를 갈아주어야 한다. 하루에 소모되는 패드가 12장이 넘어가니 이 비용도 만만치는 않다.

앞서도 고백했듯이 우리 집에서 반려견이 나와 갈등 없이 지내기 위해 지켜줘야 할 최소한의 예의라는 것이 있다면 1순위는 '똥과 오줌을 정해진 자리에서 싸시오'다. 내게는 이를 요구할 권리가 있고 이유 역시 분명하다.

우선 나는 의사로서 청결을 중요시하므로 개의 배설물로 집이 오염되어서는 안 된다고 생각한다. 사람이 사는 집에서 개 냄새가 풍기는 것 역시 불쾌하다.

공평하게 남자 둘, 여자 둘, 화장실 둘인 우리 집은 하필 남녀 커플(부부, 남매)이 화장실을 함께 써야 한다. 나야 그렇다 치고 소변 한 방울만 튀어 있어도 꽥꽥거리는 누나를 둔 딱한 아들은 장가도 가기 전에 앉아서 소변을 본다. 물론 처음에는 부자가 합심해서 어쩔 수 없는 자연의 섭리니 신체의 특수성이니 주장해보긴 했으나 이런 일은 청소 문제가 아니라 같이 사는 숙녀 분들의 위생 문제라는 항의에 바로 꼬리를 내리고 변기에 착석하는 것으로 결정을 봤다.

그런데 강아지들은 똥오줌을 아무 데나 싸고 다녀도 괜찮단 말인가? 게다가 개들은 발에 털이 있어서 가끔은 발자국도 보여주고 오줌을 질질 흘리기도 하는데 말이다. 심지어 자국이 눈에 띄지도 않은 채 말라버리는 건 또 어떤가? 무슨 혈흔을 감식하는 루미놀처럼 암모니아 감식 시약이라도 구해서 바닥에 뿌려야 할까?

나는 여러 번 목격했다. 아내가 현장을 찾아내기 위해 걸레를 들고 바닥에 코를 킁킁거리며 엎드려 기어다니는 것을 말이다. 뒤치다꺼리가 대부분 아내의 몫인데 내가 비록 치우는 일은 서툴러도 밟는 건 잘하니 문제다.

결코
쉽지 않은 일

그렇다. 유독 나는 집에서 강아지들의 오줌을 밟은 경험이 많다. 그것도 꼭 안 좋은 타이밍에, 부적절한 장소에서 밟곤 해서 기분이 나쁜데 특히 방심하다 밟은 경우 그 짜증은 배가된다.

대놓고 철벅 밟으면 바로 욕이 튀어 나오지만 긴가민가 하는 순간에는 천천히 이를 바드득 갈게 된다. 개운하게 샤워를 마치고 나와 욕실 앞 깔개에 발을 내디뎠을 때 왠지 낯설고 미적지근한 축축함이 느껴지면서 멈칫하게 되는 그런 순간 말이다. 결국 내가 내 발을 들어 냄새를 맡아 확인을 해봐야 결론이 나는데 볼썽사나운 그 모든 과정이 정말 마음에 안 든다. 때문에 똥오줌을 가리지 못하는 개들은 함께 살 수 없다고 '반려견을 키우자'에 한 표 던진 가족, 특히 아내에게 엄중히 통보했고 아내 역시 이에 동의했다.

개보다 훨씬 지능이 높은 사람도 기저귀를 제때 떼려면 엄마가 아기용 변기 옆에 쪼그리고 앉아 "응가, 응가"를 외치며 당사자인 아기보다 용을 써야 한다. 당연히 한번에 터득할 리가 없고 많은 시행착오를 겪는데, 아기도 노력은 해야겠지만 가르치는 쪽이 더 많이 해야 하는 법이다. 하물며 개들이야 오죽하랴만은, 어떤 지난한 과정을 거치더라도 반드시 해결은 봐야 하는 문제인 것이다.

적어도 이 대목만은 우리 딸이 읽지 않았으면 좋겠다. 인간은 평균 생후 36개월경에 배변 훈련이 마무리된다. 이것은 평균이니 사람마다 차이는 있다. 그런데 생후 50개월 가까이 기저귀를 차고 있다면 이건 좀 심하다. 요즘 아기들은 돌떡도 자기가 나른다는데 딸은 생후 18개월에 걷기를 시작했고, 말도 또래에 비해 느린데 배변 훈련도 진행이 안 되니 답답한 걸 넘어 무척 걱정이 되었다. 물론 지금은 자기 발로 너무 잘 돌아다녀서 방학 때 집에 와도 얼굴 한번 보기 힘들다.

아기의 발달과정에서 걷기만큼이나 매우 중요한 단계인 대소변 가리기에 대해 많은 연구가 이루어졌다. 성공적인 배변 훈련에는 개인차가 있기는 하지만 뇌신경이 근육을 통제할 수 있는 적절한 시기에 섬세한 커뮤니케이션과 함께 꾸준하고 참을성 있는 보호자의 대응이 필요하다.

프로이트에 의하면 이 시기는 인간의 뇌에서 배변을 통해 쾌감을 느끼는 항문기에 해당되는데 이 시기 배변 훈련에 문제가 발생하면 성인이 되었을 때 강박장애로 이어진다고 한다. 병원을 찾는 강박장애 환자에게 어릴 때 오줌은 언제부터 가린 거냐고 물어봤어야 하는 걸까? 나는 항문기와 강박장애를 너무 연결시킬 필요는 없다고 생각한다.

그럼 강아지의 배변 훈련은 어떻게 이루어져야 할까? 그전에 개들에게 자신의 배설물 혹은 배설을 하는 행위는 어떤 의미가 있는 걸까?

어떤 이름,
똥개

 똥개의 사전적 정의는 '똥을 먹는 잡종 개'지만 요즘은 개보다는 사람에게 주로 쓴다. 사용법은 2가지다. 첫 번째는 욕이다. 내 나이 연배 혹은 그 이상의 남자들이 어릴 적 상대방을 깔보거나 면전에서 욕은 하고 싶은데 진짜 센 욕을 하긴 뭐할 때 즐겨 사용했다. 촌스럽고 들어도 좀 덜 아픈 말이다. 똥개를 본 적도 없는 요즘 애들은 거의 안 쓴다.

 할머니가 어린 손주의 엉덩이를 토닥거리며 "오구오구, 내 똥개새끼"라고 할 때는 앞서 사용한 예와 반대의 경우다. 사전에는 '어르신들이 어린 자녀나 손자를 부를 때 사용하는 말로 부정을 타거나 해를 당하지 말라는 의미로 낮춰 부를 때 쓴다'고 되어 있다. 요즘은 어르신들도 며느리 기분을 고려해 대신 똥강아지라고 한다. 엉덩이를 맡길 손자도, 토닥거려줄 같이 사는 조부모도 귀한 시절인지라 이 말도 복고풍 드라마 대사에서나 들을 수 있다.

 어떤 경우든 똥개는 비천한 것, 상스러운 것, 부정조차 비켜갈 만큼 보잘것없는 존재를 의미한다. 만만한 만큼 친근하기도 해서 초등학교 시절 국어시간에 계속 졸지 않았다면 누구나 한두 개쯤은 쉽게 떠올릴 만큼 똥개와 관련된 속담도 참 많다. 심지어 북한에도 '똥개가 백 마리면 범도 잡는다'는 속담이 있단다. 이렇듯 똥

개는 우리나라에서 꽤 오랜 세월 사람들과 부대끼며 일상에 녹아들어와 있는 가깝고 친근한 존재라는 이야기인데, 이런 똥개가 집안에서 사람들과 함께 생활하게 되면서 개와 똥을 멀찍이 떨어뜨려야만 하는 현실적인 과제가 생기게 되었다.

어쩌면 사람들의 반려견에 대한 요구라고 해야 더 정확하겠다. 요구 사항은 다음과 같다. 집안에서 함께 사는 대신 개는 똥을 먹어서도 안 되고, 똥이나 오줌을 약속된 장소에 배설해야 한다. 좀 더 요구 수준을 높여보자면 기왕이면 예측 가능한 일정한 시간에 용변을 보거나 볼일을 보고 주인에게 신호를 줘서 집안에 냄새가 퍼지기 전에 청소가 가능하도록 해주면 좋겠다는 것이다.

가끔 해외 토픽란에 변기에 볼일을 보고 버튼 누르는 강아지 기사가 실리곤 하지만 무엇이든 지나친 것은 좋지 않다. 변기 물을 내리는 개가 가스불을 켜지 말란 법이 없겠는가? 다시 처음의 질문으로 돌아가자. 개에게 어떤 형태의 배설이 자연스러운가? 우리의 요구는 개의 습성에 어긋나는 무리한 요구인가?

지금까지 검증된 바른 개의 훈련법은 개의 본능을 이용한, 즉 많은 동물심리학자들의 연구에 기초한 과학적인 접근법인데 내가 찾아본 대부분의 배변 훈련은 여기서 제시된 몇 가지 명제들을 응용해 고안된 방식들이다. 나는 동물심리학자가 아니므로 그 분야 전문가들의 의견을 경청하겠다.

배변에 관한 개의 가장 대표적인 습성은 자신의 보금자리를 적들에게 노출시키지 않기 위해 가급적 먹거나 잠자는 장소에서 떨어진 곳에 배변을 한다는 것이다. 도파가 출산 직후 새끼들의 배설물을 남김 없이 먹어 치워 아내를 기겁하게 했었는데 그 이유 역시 유전자에 각인된 습성에 충실한 행동이었을 뿐이지 도파가 똥을 먹는 개여서가 아니다.

어미 개는 새끼에게 똥을 먹는 행동을 통해 신변의 안전을 도모하고 잠자리를 깨끗하게 유지하기 위해 똥이 가까이 있어서는 안 된다는 것을 교육시키며, 이 교육은 새끼가 괄약근에 힘이 붙어 똥을 참을 수 있게 되는 생후 3주까지 이루어진다고 한다. 자식의 똥까지 먹어가며 하는 교육이라니 사람이나 개나 부모 노릇은 참 고단하다.

그런데 여기서 잠깐, 우리가 아는 똥개의 정의는 왜 새끼의 똥을 먹는 어미 개가 아니고 똥을 먹는 잡종개인 것일까? 결론부터 말하자면 똥을 먹는 개는 있지만 개가 똥을 먹는 건 아니다. 여러 동물학자들의 공통된 의견은 대부분의 경우 '배가 고파서 똥을 먹는' 것이고, 그래서 사람도 끼니를 거르기 쉽던 그 옛날의 개들은 부득이 똥개가 되었다. 요즘에는 똥개가 사라진 이유이기도 하다.

집안에 살면서 영양과잉으로 다이어트 사료까지 먹여야 하는 요즘 시대에 식분증이 있는 개라면 심리적인 문제에 기인한 이상행동이라고 보아야 한다. 심층 면담이 불가능해 속 시원히 밝혀진 바는 없지만 호기심에서 우연히 시작된 행위에 어떤 신호(보호자의 놀란 반응)가 결합되어 관심 끌기 행동으로 발전했다든가, 똥을 싼 후 심하게 혼난 경험에 놀라 주인에게 들키지 않으려고 똥을 먹어 없애는 경우, 또는 똥을 가지고 먹고 놀면서 스트레스를 푸는 경우 등이 있다. 이는 치료를 받아야 하는 문제다.

응가는
정해진 자리에서

똥을 대하는 개의 태도에 관한 오해가 풀렸다면 어미 개와 합심해서 강아지 배변 훈련에 돌입해보자. 그 첫 번째는 '화장실 찾아가기'다. 생후 3주가 지나 어미 개에게 "집 근처에서 똥을 싸면 안 돼"라고 교육받은 강아지들을 3주차 괄약근으로 마려운 똥을 참고 갈 수 있을 만큼의 거리에 있는 배변 장소로 안내해야 한다. 경험상 3주차는 너무 이르고 한달 넘겨 5주차에 다리에 좀 힘이 붙어 걷는 게 쉬워지면 시작하는 것이 좋다.

어떤 훈련사들은 2개월 이상 되었을 때 훈련을 권장하기도 하는데 대부분의 반려견들이 2개월차에 분양되는 것을 감안하면 집에 데려오자마자 훈련을 시작해야 한다는 뜻이다. 반드시 강아지들이 제 발로 걸어 가야지, 사람이 급하다고 힘을 주고 낑낑대는 강아지를 번쩍 들어 '순간이동'시키면 안 된다.

어떻게 하면 될까? 다시 동물행동연구학자들의 조언을 들어보자. 개들은 한번 배변을 보는 장소가 정해지면 배변 욕구를 느낄 때마다 그 장소를 찾는 습성이 있다. 후각이 예민한 개들을 그 장소로 안내하는 것은 바로 냄새다. 그렇다! 그래서 개들이 거실에 오줌이나 똥을 싸면 아내가 온갖 세제통을 들고 득달같이 출동, 그 자리를 박박 닦아냈던 거였군.

이러한 점을 역이용해서 사람들은 개의 배설물을 원하는 장소에 미리 조금 묻혀놓고 제발 거기서 볼일을 보라고 사정한다. 남들 눈에 잘 안 띄고 청소도 편한, 집에서 제일 구석진 그런 곳 말이다. 그럼 개들은 배변 장소에 대한 선택 기준이 없을까? 물을 싫어하는 개들에게 물기가 흥건한 화장실에서 용변을 강요해서는 안 된다는 의견도 있으니 개들의 특성이 다르겠지만, 특정 장소라기보다 조금 아늑하고 눈에 안 띄는 장소를 선호하는 것 같다. 누구나 그렇겠지만 말이다.

개들이 실내보다 실외에 나가 용변을 해결하는 것을 더 좋아한다는 의견도 있다. 배설물을 이용해 마킹도 해야 하고, 친구들과 소식도 주고받고, 잠자리에서 멀리 떨어진 곳인 데다 산책도 할 수 있으니 당연히 그럴 것 같다. 집에 치워야 할 똥이 안 생기니 좋은데 일정한 시간에 데리고 나가 용변을 보게 해줄 자신이 없어 아무래도 그건 힘들겠다.

어쩌다 "우리 개는 오줌도 꼭 밖에 나가서 누는 깔끔한 애랍니다"라고 자랑하는 사람이라도 만나면 혹시라도 게으른 나 때문에 며칠이고 마려운 똥을 참으며 변비에 시달릴 녀석들이 떠올라 내 아랫배가 다 당겨온다.

실내에서 적당한 장소를 물색한다면 집집마다 적당하다고 생각되는 장소가 다르겠지만 한가지 공통점은 있다. 그곳에 배변패드든 패드가 깔려있는 배변판이든 둘 중 하나는 반드시 있다는 것이다.

동물학자들을 다시 소환해보자. 개들이 잠자리에서 멀리 떨어진 곳에 배변을 함으로써 무리의 안전을 도모한다면 자신의 발에 배설물을 묻혀 사방에 묻히고 다니는 일은 기껏 멀리 나가 용변을 보고 온 걸 말짱 헛수고로 만드는 멍청한 행동일 것이다. 그래서 개들은 소변이 자기 발에 묻는 것을 필사적으로 싫어한다. 우리 집 개들만 봐도 패드에 먼저 싼 오줌을 밟기라도 할까 봐 발을 조심해서 디디고 오줌을 쌀 때도 네 다리 중 한 개 정도는 공중에 불안하게 들고 있다. 뿐만 아니라 패드가 더러워 밟을 때가 마땅치 않으면 그냥 옆에 볼일을 봄으로써 제때 패드를 갈아주지 않은 게으른 보호자를 응징한다.

이런 습성은 어린 강아지의 배변 훈련에서 굉장히 중요한 포인트인데 강아지들이 카펫이나 이불, 방석, 매트 등 제발 피해줬으면 싶은 곤란한 곳만 보란 듯이 찾아가서 소변을 보는 이유는 바로 그곳이 소변이 흡수가 잘되어 자기 발에 묻지 않을, 즉 잔디밭을 제외한 최선의 장소이기 때문이다.

따라서 발바닥의 감촉으로 장소를 구분하는 강아지에게 소변 보는 곳이 패드라고 한번 가르쳐주면 강아지는 감촉으로 패드가 깔린 곳이 바로 나의 배변을 보는 장소라고 결정하게 되고, 이를 이용해서 배설물 냄새를 조금 묻힌 패드를 타이밍을 놓치지 않고 오줌을 싸는 강아지 발바닥 아래 밀어 넣게 되면 배변 훈련의 절반은 성공했다고 장담한다. 이런 내용을 기초로 신문지, 이동장, 배변 유도제 등을 이용한 훈련법이 등장했고 꾸준한 인내로 타이밍을 놓치지 않는 법, 성공적인 배변 이후 행동요령, 실패한 배변 이후 올바른 대처법 등등의 보호자 훈련법(?)이 따라 붙는다.

맨 살로 느끼는
똥의 질감

우리 집의 경우 개가 없는 집에 혼자 들어와 살게 된 강아지(어미 개에게서 배변 훈련을 받았는지 알 수 없다), 이미 배변 훈련이 되어있는 성견이 있는 집에 새로 식구가 된 강아지(선임자의 시범을 통해 가르침을 받기를 희망해 본다), 배변 훈련이 된 어미 개가 낳은 강아지(무조건 엄마가 가르쳐야 한다), 이렇게 3가지 케이스의 개들이 있었다.

결론부터 말하자면 지금은 3마리가 다 같이 약속된 장소에서 배변을 잘한다. 솔직히 나는 개의 배변 문제에 대해 크게 걱정을 안 했는데 남편이 얼마나 개의 똥오줌에 버럭하는지 익히 아는 아내는 남들이 다 훈련이 어렵다고 혀를 내두르는 아메리칸 코커스패니얼도 단 닷새 만에 완벽하게 배변을 가리게 만든 능력자였기 때문이다.

그런 우리 집에서 영리하고 눈치 빠른 포메라니안인 세로토가 배변 문제로 폭탄이 될 줄은 아무도 예상하지 못했다. 개가 없는 집에 혼자 들어와 살게 된 강아지가 바로 세로토다. 세로토를 업어 키운 사연에 대해서는 앞에서 소개했으니 생략하기로 하자.

아무튼 한참 장난치고 뛰어다니고 학습을 해야 할 중요한 시기에 다리를 못 쓰고 업혀 다닌 세로토는 발랄했던 어린 시절과 달리 신경질적인 성격으로 변했다. 특히나 뭔가 맘에 안 들면 똥오줌을 이상한 곳에 싸는 것으로 스트레스를 풀기 시작했다. 문을 열고 들어오면 딱 밟기 좋은 컴컴한 현관 구석, 부엌의 다용도실 문 앞, 깨끗한 배변판의 바로 옆 같은 장소 말이다.

세로토가 어린 시절 사고에 대한 안쓰러움에 업어 키운 각별한 정까지 더해져 사고를 쳐도 야단 한번 못치고 감싸기에 급급하던 아내에게 이런 식이면 집에서 못 키운다고 큰소리를 치는 일이 생겼다. 아직도 나에게는 일종의 트라우마로 남아있는 '작업실 똥테러사건'이다.

어린 시절부터 누구나 한번쯤 기타 들고 '똥폼' 잡던(여기서도 똥이라는 말이 붙다니) 시절이 왜 없겠냐만은, 나는 비록 의사라는 직업을 선택했어도 음악에 대한 간절한 열정이 잠깐의 바람만은 아니어서 틈틈이 곡을 만들고 연주를 하는 걸 꽤나 진지하게 해오던 터였다. 이런 나의 음악에 대한 열정을 잘 아는 아내는 이사를 오면서 기꺼이 방 하나를 음악 작업실로 내주었고 꽤 거금을 들여 방음시설까지 갖춘 덕에 그럴듯한 작업실을 가지게 되었다. 밤 늦은 시간까지 마음 편하게 좋아하는 곡을 쓰고 녹음을 할 수 있는 그 공간이 내게 얼마나 소중한지 모른다.

바로 그 공간에서 나는 개똥을 밟았다. 맨발로 그것도 단단하지도 않은 갓 싸놓은 물컹한 똥을 말이다. 냄새는 기억도 나지 않는다. 발가락 사이사이를 비집고 올라오던 그 뜨듯하고 낯선 질감이 너무 충격적이었다. 내가 여러 번 발을 닦아도, 아내가 아무리 작업실 바닥의 매트를 들어내서 완벽하게 세척을 했어도, 그 사건 이후 나는 작업실에 들어갈 때마다 발가락도 마음도 불편해졌고, 덩달아 음악을 만드는 일도 시들해졌고, 음악을 못 만드니 우울해졌고, 급기야 나도 세로토처럼 스트레스를 풀 대상이 필요해졌다.

한 달 안에 배변 훈련을 시키지 못하면 세로토를 다른 곳에 보내야 한다는 나의 통보에 고민하던 아내는 지금은 전문가의 손길이 필요한 때라고 판단해 처음으로 방문 훈련사를 초빙해 교육을 받아보기로 했다. 낮에 진행되는 교육을 직접 본 적은 없지만 아내가 매일 열심히 복습을 시키고 반복 훈련을 하는 모습을 어깨너머로 보니 제법 훈련 성과가 있어 보였다. 드디어 세로토가 세탁실 패드에 정확히 배변을 하게 된 것이다.

그런데 그건 사실 세로토가 교육이 됐다기보다 아내와 뭔가 타협을 봤다는 것이 더 정확할 듯한데 내가 그렇게 생각하게 된 데는 다 이유가 있다. 바로 간식이다. 개를 훈련할 때 폭풍 칭찬이 너무나 중요하다지만 맨입으로 하는 칭찬보다 효과를 더 배가시키는 건 곁들여지는 간식이다.

아내는 배변 장소인 세탁실 입구 선반에 간식통을 올려놓고 소변이나 똥을 싸면 즉각 간식을 꺼내 세로토에게 주었다. 혹시 볼일을 봤는데 아내가 못 봤거나 볼일 보러 가는데 아내가 이를 못 볼 것 같다 싶으면 세로토는 깡깡 짖음으로써 아내의 주의를 집중시켰고, 볼일을 보고 나면 약속을 지키라고 채근을 했다. 가만히 지켜보고 있자니 세로토가 간식을 먹으려고 아내를 훈련시키고 있는 것 같다.

녀석은 간식이 좀 당긴다 싶으면 방금 오줌을 싸 놓고도 다시 세탁실로 간다. 그리고 일단 입구에서 짖어서 아내가 쳐다보게 만들고 눈을 한번 맞춘 후 보란 듯이 배변판에 올라서서 자세를 잡는다. 방금 흥건히 오줌을 싼 터라 다시 오줌이 나올 리가 있겠는가. 그저 긴가민가 싶을 만큼 미세하게 억지로 짜낸 오줌 방울이 떨궈져 있을 뿐이지만 녀석은 아주 당당하게 간식을 요구한다.

의심은 가지만 혹여 녀석이 합의를 깰까봐 약속대로 간식을 줄 수밖에 없다. 헐리우드 액션이 점점 도를 더해가더니 이제는 대놓고 사람을 바보 취급하며 오줌은 싸지도 않고 폼만 잡다 일어서는 페이크 모션을 남발한다.

어쨌든 수시로 뜯어낸 간식 덕에 먹는 걸로도 스트레스가 풀린다는 걸 알게 된 세로토는 과체중으로 다이어트 사료를 먹게 되긴 했어도 다시는 다른 곳, 특히 작업실에 배변을 하는 일은 없었다.

개는
개를 가르친다

그리고 세로토가 5살이 되었을 무렵, 도파가 새 식구가 되었다. 도파에 대해서는 할 이야기가 별로 없다. 오자마자 까칠한 세로토에게 군기라도 잡힐까 싶어 육각형 울타리 안에서 생활하던 도파는 처음부터 같이 넣어둔 패드 위에 얌전히 볼일을 봤고 울타리가 치워지자 세로토가 볼일 보는 장소를 따라가 같이 볼일을 봤다. 그 모든 과정이 너무 자연스러워서 도파가 엄마한테 잘 배운 건지, 원래 도파가 똑똑한 건지, 그도 아니면 세로토가 우리 안보는 사이에 알아서 교육을 시킨 건지 잘 모르겠다. 아무튼 우리가 한 건 제때 패드를 치워준 것이 전부다.

마지막으로, 도파가 집에서 출산한 강아지 5마리가 있다. 남자

형제 셋은 적절한 시점에 잘 알고 지내는 집으로 떠났고 일년에 한두 번쯤은 다 같이 모이는지라 소식을 아는데 아이들 모두 배변을 가리는 데 문제가 없다. 특히 아빠 개와 같이 사는 둘째는 부자가 같이 규칙적인 야외 배변을 하는 호사를 누리고 산다. 우리 집에서 키우게 된 자매 중 언니인 가바는 일년이 조금 안 되었을 때 다른 집으로 입양을 갔는데 영리하고 깔끔한 성격에 걸맞게 모든 걸 야무지게 해내서 칭찬일색이다.

가바는 어쩌다 엄마와 동생이 있는 우리 집에만 놀러오면 꼭 부엌 매트 쪽으로 달려가 소변을 보는 걸로 유세를 떤다. 유일하게 엄마인 도파, 노처녀 늙은 이모인 세로토와 같이 살게 된 니카 역시 어른들을 따라서 배변을 정해진 장소에서 큰 어려움 없이 본다. 굳이 문제라고 한다면 3마리 개들이 불편함 없이 약속된 장소에서 배변을 보게 하기 위해 제때 패드를 갈아주고 똥을 치워줘야 한다는 점 정도다. 하루에 소모되는 패드가 12장이 넘어가니 이 비용도 만만치는 않다. 내가 부지런히 일을 해야 하는 이유다.

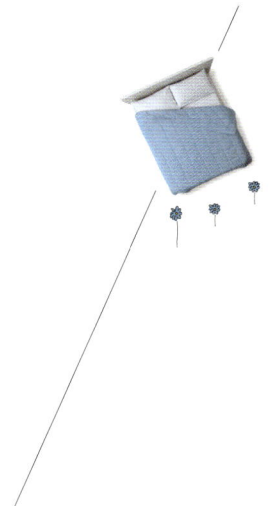

즐거움과 의무 사이
－ 산책하기

아내가 세로토와 연습하는 것은 '각측보행'이다. 이 어려운 이름의 보행은 반려견이 보호자의 왼쪽 다리에 붙어서 보호자의 얼굴을 보면서 걷는 것을 말한다.

 짧은 목줄에 묶여 마당 한쪽 개 집에서 반경 2m를 벗어나지 못하고 '학교 갔다 돌아오면 멍멍멍, 꼬리치며 반갑다고 멍멍멍'을 하며 평생을 보내는 마당개 복슬강아지만 보고 자랐다. 이제는 반려견을 키우려면 '규칙적인 산책'이 기본적인 의무라는 것 정도는 안다.

CHAPTER 03 매우 주관적인, 그러나 정신과적인 강아지 훈련

'88올림픽' 때만 하더라도 개를 먹는 미개한 나라라고 손가락질을 받았던 것에 대한 부끄러움과 무례한 지적질 방식에 대한 분함 사이에서 반목하던 반려견에 대한 한국 사람들의 인식 변화는 소싯적 마당의 복슬강아지와 우리 집 도파의 팔자만큼이나 빠르게 변했다. 마치 구한말 장옷을 뒤집어 쓰고 다니셨을 나의 고조할머니와 방금 내 앞을 인사도 없이 빛의 속도로 지나쳐간 우리 딸 사이의 여성 인권 100년사를 압축해놓은 듯하다. 교양 있는 만물의 영장답게 나는 기꺼이 이 변화를 인정하고 받아들인다.

우리 집에 동거중인 3마리 개들은 줄에 묶여 있지도 않을 뿐더러 좁지 않은 아파트의 식탁을 제외한 거의 모든 공간 출입이 자유롭다. 점유율과 공간 활용도를 놓고 보자면 종일 일하러 나가 있는 나보다 월등히 높다. 그래도 이 개들과 함께 산책은 나가야 한다.

나에게
산책이란?

배우 모건 프리먼이 커피와 빵 봉지를 들고 걸어가는 어떤 영화의 한 장면이 떠오른다. 아마도 아침 산책 겸 갓 구워진 빵을 사기 위해 나선 길인 것 같은데 걸음이 느릿한 노신사 곁을 주인만큼이나 나이 들어 보이는 반려견 한 마리가 같이 걷고 있다. 곁에 그 개가 있어서 모건 프리먼은 혼자 빵 봉지를 들고 걸을 때보다 여유 있고 멋있어 보였다.

이런 장면도 마음에 든다. 덩치 큰 개와 함께 바람 부는 들판을 걷는 사내가 있다. 호기심 많은 개는 끊임없이 코를 벌름거리고 바람을 쫓아 달려나가지만 주인이 부는 휘파람에 즉각 되돌아와 다시 곁을 지킨다.

뱃속 아들과 대면도 하기 전에 글러브를 끼고 캐치볼을 할 일을 떠올리며 흐뭇해하는 아빠들처럼 내게도 주인을 전적으로 신뢰하는 듬직한 개를 데리고 산책을 한다는 게 어딘가 고전적이고 에너지가 넘치는 활동 같다는 로망이 있었다. 비록 헤치고 나갈 덤불이나 오솔길, 함께 쫓을 만한 메추리 따위가 주변에 없어도 말이다. 까마득한 옛날 개를 데리고 먹이를 사냥하던 원시 인류의 DNA가 작동한 걸 수도 있다.

따라서 세로토 산책을 전적으로 아내에게 떠넘긴 것은 포메라니안이 내가 원하는 역동적인 산책을 구현하기에는 너무 작고 많이 귀여워서 꼭 배낭을 매야 하는 차림에 손가방을 든 것처럼 어색해서이지 결코 귀찮아서가 아니었다.

각측보행과
초크체인

　썰매를 끄는 개들에게도 리더가 있고 사냥개에게도 복종의 규칙이 중요하듯 산책에서도 지켜야 할 룰이라는 것이 있다. 많은 훈련사들은 개가 주인을 무시하고 앞으로 튀어나간다든지 산책의 방향을 자기 마음대로 정하는 것은 주인을 대장으로 인정하지 않겠다는 의사표시이므로 적절한 훈련이 필요하다고 말한다. 3kg도 채 안 나가는 세로토를 데리고 산책하면서 특별히 어려움을 겪은 적은 없지만 배변 훈련을 위해 훈련사 방문 교육을 받을 때 산책 훈련도 포함되어 있었다.

　아내가 세로토와 연습하는 것은 '각측보행脚側步行'이다. 이 어려운 이름의 보행은 반려견이 보호자의 왼쪽 다리에 붙어서 보호자의 얼굴을 보면서 걷는 것을 말한다. 도그쇼의 쇼견이 주인 곁을 리드줄에 따라 적당한 간격을 유지하며 우아하게 걷는 모습을 떠올리면 되겠다.

　훈련 방식은 의외로 간단하다. 개가 임의로 오락가락할 수 없게 왼손으로 짧게 리드줄을 잡고 걷다가 개가 호기심에 앞서 가거나 방향을 임의로 바꾸려고 하면 사람이 먼저 방향을 휙 틀어 걷기를 반복하면 된다. 앞서서 나가려고 개가 줄을 당기는 순간, 그 자리에서 바로 멈추고 반대로 걷는 것이 핵심이다. 개가 '어라, 이

양반이 왜 이러지?' 하고 어리둥절해하며 주인을 쳐다보면 '여기서 대장은 바로 나'라는 단호한 표정으로 개를 한번 쳐다보는 것도 빼먹지 말아야 한다. 반복 훈련을 통해 주인이 멈추고 싶을 때 멈춰야 하고 주인이 원하는 방향으로 획 끌려가게 된다는 걸 경험한 영리한 세로토는 금방 그럴듯하게 '각측보행'을 선보였다.

이 대목에서 초크체인이 등장한다. 말도 많고 탈도 많은 그 초크체인 말이다. 획 잡아채 행동을 제어하는 초크체인은 순간적으로 목이 졸리게끔 고안된 물건이다. 많이 위험해보이지는 않지만 친절해보이지도 않는다. 초크체인 훈련을 권장하는 이들은 최소 수준의 강압이 필요한 훈련에서 0.05초에 불과한 임펙트 있는 자극이 훈련 기간을 줄여주니 결국 개들을 더 위하는 길이라고 주장한다. 이런 훈련 방식은 보기에는 강압적이고 폭력적으로 보일 수 있어도 실제로는 위험하거나 아프지 않고 개 입장에서도 이유 없이 엉덩이를 발로 차일 때보다 덜 충격적이란다.

초크체인 대신 가슴 줄을, 짧은 줄 대신 3m 이상의 긴 줄을 이용한 산책을 권하는 이들은 산책하기가 복종 훈련을 통해 학습된 형태가 아니라 걸으며 냄새를 맡고 소변을 남기며 세상과 소통하는 개들의 자연스러운 사회활동이어야 한다고 말한다. 그런 활동이라면 각측보행을 하면서 하기는 힘들어 보인다.

무엇이 더 좋은 방식인지 개가 아닌 나로서는 판단하기 어렵다. 식당에서 테이블 사이를 뛰며 장난 치는 아이들을 제지하기는

커녕 흐뭇하게 바라보는 부모들을 보면 짜증스럽다. 사람이든 개든 다소 힘들어도 꼭 필요한 교육이 있다. 그러나 산책을 나가려고 마음만 먹어도 알아차리고 온 몸으로 기쁨을 표현하는 개들을 보고 있자면 뛰어놀 마당 하나 마련해주지 못하는 나의 무능이 미안해진다. 그러니 초크체인은 일단 나부터 불편하다. 덕분에 '팔랑귀'에 학구열까지 높은 우리 집에는 실로 다양한 산책 장비가 구비되어 있다.

강아지 살림 소개는 앞에서 한 것 같으니 줄만 소개하겠다. 초크체인이 S와 M 사이즈로 한 개씩, 개들의 폭풍 성장을 고려하지 못해 작아진 가슴 줄이 6개쯤, 니카가 물어뜯어 망가진 가슴 줄이 서너 개쯤, 3마리 개를 동시에 산보시키기 위한 트윈줄이 2개, 소형견용 예쁜 리드줄과 중형견용 굵고 튼튼한 리드줄 여러 개, 3m짜리 긴 리드줄 한 개, 길이를 자동으로 조절하는 자동 리드줄이 2개가 있다.

다시 훈련 이야기로 돌아가자. 세로토 이후 도파나 니카를 위해 방문 훈련을 신청한 적은 없다. 나는 도파를 땅에 내려놓기도 조심스러워 어릴 때부터 품에 안고 나갔다. 그래서인가 별도의 산책 훈련 없이도 도파와의 산책은 모든 게 순조로웠다. 도파는 간혹 흥미를 느끼는 장소에서 앞서 나가기는 했어도 대부분의 경우 활동적인 나의 산책에 너무나 완벽한 파트너였다. 조금만 걸음이 빨라져도 바닥에 배를 깔고 주저앉는 세로토와 달리 도파는 내가 뛰면 지치지 않고 함께 뛰고, 내가 쉬면 곁을 떠나는 법 없이 나와 호흡을 맞춘다. 도파와의 산책은 중년의 나에게 꼭 필요한 유산소 운동도 하면서 밥 주는 아내보다 잠시나마 내게 집중하게 만드는 기회였고 그래서 둘만의 애정을 돈독히 하는 특별한 시간이었다. 적어도 니카가 태어나기 전까지는 말이다.

3마리 개와 산책하기

아내는 잔디밭이 넓은 큰 공원을 2개나 끼고 있고 마음만 먹으면 경기도까지도 걸어갈 수 있는 강변 산책로가 지척인 지금의 집으로 이사 온 후에 거의 매일 개들을 데리고 산책을 나갔다. 그날은 일요일 오전이었고 날씨도 꽤나 추웠다. 휴일이면 게으르고 무기력해지는 남편이 개 산책을 거들어줄 기미가 안보이자 단념한 아내가 혼자 개들을 몰고 나간 지 얼마 되지 않아 내 핸드폰이 울렸다.

사내녀석 둘과 공놀이를 하던 애 아빠한테 느닷없이 봉변을 당했다는 거다. "개를 제대로 제어도 못하면서 3마리나 끌고 다니다니 이런 ××"라고 큰소리로 욕을 하더란다. 기껏해야 삼십 줄이나 됐을까 싶은 젊은 놈에게 사람 많은 공원에서 아침부터 욕을 먹고 분해하는 아내에게 지금 당장 내가 공원으로 나가 아주 혼쭐을 내주겠다고 큰소리를 쳤지만 뭐 대충 이해되는 바가 없지도 았았다. 그래서 그게 다 당신이 나이보다 어려 보여 생긴 일이라고 다독여줬다. 비니를 푹 뒤집어 쓰고 패딩을 입은 자그마한 체구의 아내는 얼굴도 동안이라 멀찍이서 보면 고등학생이라고 오해할 만하다. 그보다도 개 3마리를 데리고 산책을 나간 아내가 어떤 모습일지가 그려져서다.

개 2마리와 개 3마리의 산책은 완전히 다른 종류의 일이다. 게다가 늘어난 개가 니카라면 난이도는 급상승된다. 사람 손은 2개고 개는 3마리니 첫 번째 과제는 '줄 서로 꼬이지 않기'다. 훈련을 받은 세로토도, 훈련을 안 받아도 나서지 않는 도파도 희한하게 니카만 합류하면 전혀 다른 개들로 돌변한다. 각측보행은커녕(3마리가 동시에 왼쪽에서 걸어도 문제다) 손잡이 놓친 고무호스처럼 사방으로 튀어 나간다. 줄은 당연히 꼬이고, 꼬인 줄을 풀다 보면 다른 줄이 꼬이곤 해서 3개의 줄이 꼬일 수 있는 다양한 경우의 수를 경험하게 된다. 우선 줄부터 줄여야 한다. 하나의 줄 끝에 트윈 리드줄을 연결함으로써 문제를 해결해본다.

자, 이제 한 손에 줄 하나씩 잡자. 다음은 힘의 적절한 분배다. 세로토는 나이도 많고 어린 시절 앞다리 골절로 박은 철심에 최근 슬개골 탈구 수술까지 받았고 과 체중에 기관지 협착증도 있어 심한 운동은 무리다. 결국 운동능력을 고려해 우열반을 편성해야 한다. 니카와 도파가 한 줄, 나머지 한 줄에 세로토를 연결하니 도파와 니카를 함께 연결한 리드줄은 고출력 엔진에 터보까지 장착한 형국이라(전에 소개했듯이 베들링턴 테리어는 달리기에 최적화된 견종이다) 질질 끌려오는 한 마리와 마냥 달리고 싶은 2마리의 개 사이에서 양팔은 하염없이 벌어진다.

이건 하는 사람도 고역이겠지만 보는 사람도 여간 난감한 것이 아니다. 만약 개를 좋아하는 사람이라면 얼마나 힘드시냐, 대단하시다 등등의 인사말을 건네겠지만 개를 싫어하거나 무서워하는 사람은 몹시 불안한 시선으로 이를 쳐다보게 마련이다.

내가 나가도 그럴진대 작은 체구의 아내가 아무리 자기 딴에는 요령껏 하고 있다고 해봐야 대부분의 사람들 눈에는 펄쩍거리며 총알처럼 튀어나가려는 근육질의 2마리 개와 걸핏하면 배를 깔고 자빠져 버티는 뚱뚱한 개 사이에서 쩔쩔매며 고군분투하는 몹시 딱한 장면이었을 게다.

상황이 이럴지니 개 산책은 점점 더 부담스러운 일이 되어갔다. 날이 너무 추워서, 비가 와서, 어제 많이 걸었으니까 등등의 핑계가 생긴다. 처삼촌 묘 벌초하듯 띄엄띄엄 빼먹은 만큼 산책이 더 간절해지는 우리 집 개들은 현관에서 목줄 꺼내는 시늉만 해도 기쁨에 겨운 나머지 그때부터 현관을 나서는 그 순간까지 목청껏 짖기 시작한다.

곧 나갈 거라는 기대감에 온몸을 주체하지 못하고 껑충거리는

3마리 개들을 차례로 잡아다 가슴 줄을 채우고 목줄을 연결해 준비물까지 챙겨 현관을 나설 때쯤이면 이미 귀는 먹먹하고 팔다리는 여기저기 긁힌 자국이 선명해서 시작부터 지치지만 방심해서는 안 된다. 산책은 이제부터다. 엘리베이터를 타고 아파트 현관을 나설 때까지 혹여 사람에게 반갑다고 달려드는 일이 없도록 리드줄을 바짝 잡아당기고 긴장해야 한다.

공용엘리베이터 탑승시 반려견은 안고 타라고 안내문에 적혀 있지만 무슨 수로 2마리도 아니고 합치면 20kg 쌀포대보다 더 나가는 개 3마리를 안고 타겠는가(개를 안으면 사람의 가슴 높이에 위치하게 되므로 사람을 무는 개라면 얼굴을 공격할 수 있어 더 위험하다는 의견도 있다). 누군가 마주치게 된다면 안전거리를 유지한 채 여유 있는 척 웃음 띤 얼굴로 상대방의 양해를 구하게 되는데 순간적으로 상대방의 개에 대한 호감도를 간파하는 눈치가 필요하다.

개들을 데리고 무사히 아파트 출입문을 나서면 그때부터는 본격적인 체력싸움이다. 자랑은 아니지만 우리 개들은 사회성이 너무 좋아서 모든 사람이 다 반갑고, 움직이는 것들이 모두 다 신기하다. 귀퉁이마다 빼먹지 않고 코를 들이밀고 동네 친구들 소식을 파악하고 마킹을 함으로써 답장을 남긴다. 느닷없이 화단으로 뛰어들어가면 그 안에 길 고양이 모녀가 낮잠을 자고 있을 확률이 높고, 전방에 까치들이라도 포착되면 리드줄을 쥔 손에 미리 단단히 힘을 줘야 한다.

한번은 하천변 산책길에 팔도 아프고 마침 주변에 사람도 없길래 '에라, 한번 쫓아가봐라'라며 리드줄을 놓은 적이 있었는데 족히 20m는 되는 가파른 내리막 비탈길을 순식간에 뛰어내려가 기어이 하천 덤불 속 모든 새를 다 쫓아 날리고 다시 뛰어 오르는 것을 목격하고 난 뒤로는 다시는 그런 모험을 하지 않는다. 게다가 3마리의 개는 뛰고 싶은 순간과 멈춰서 냄새를 맡고 싶은 순간, 쫓아가고 싶은 대상이 제각기 다르게 마련이라 나는 쉬지도 못하고 경기 내내 뛰어야 하는 축구경기 심판처럼 그 사이에서 중재를 해야만 한다.

3마리 동시 산책이 너무 힘들어 한 마리씩 혹은 조를 나눠 산책을 시킬까도 해봤다. 하지만 집에 남겨진 누군가가 서럽고 분한 마음에 주인이 집에 돌아올 때까지 계속 짖는다는 사실을 윗집 아주머니를 통해 알게 된 후 그것도 깨끗이 단념했다.

산책이 사람도 즐겁고 개들도 편안한 교감의 시간이 되어야 한다고 책에서 배웠지만 내가 능력이 부족해서인지 현실이 따라주지 않는다. 뛰기 좋아하는 니카나 도파를 위해 3m짜리 긴 리드줄을 사용해봤지만 TV에서 본 것처럼 줄이 느슨해지는 순간은 좀처럼 찾아오지 않는다. 오히려 팽팽히 당겨진 긴 줄에 혹여 누가 발이라도 걸려 넘어질까봐 나는 허겁지겁 줄을 감아가며 쫓아 뛰기에 바쁘다.

함께
걷기

이쯤 되면 훈련을 받아야 하는 대상은 개가 아니라 내가 아닐까? 내가 비록 매일매일 즐거운 마음으로 산책을 시키는 성실한 보호자는 아니지만 산책을 못 시킨 날이면 미안하기도 하고 찜찜해 영 불편하다. 계속 불편하다 보면 이런 걸 꼭 의무로 부담스럽게 느껴야 되나 싶어 스스로 짜증이 난다. 게으름 피우지 않고 내가 성실히 수행하고 있는 다른 많은 일들(예를 들면 사료값을 번다든가 하는)을 떠올리며 스스로에게 면죄부를 주어도 효과가 없다.

아내는 주말만이라도 덩치 좋은 남편이 산책을 시켜주기를 내심 바라지만 일주일 내내 환자와 씨름을 한 나는 소파와 한 몸이 되어 아내가 개 3마리에게 끌려 나가는 장면을 지켜보며 한마디 한다. "내가 조금만 쉬다가 이따 데리고 나가려고 했는데…"라고 말해보지만 고맙게도 아내는 내 말을 곧이 듣지 않는다. 딸아이가 방학을 맞아 집에 돌아오면 산책을 도맡아 시켜줘서 개들도 나도 훨씬 행복해진다.

어쨌든 나는 조만간 니카에게 따로 산책 훈련을 시켜볼 계획이다. 의무감에 내키지 않는 마음으로 나가거나 오늘은 운동을 실컷 하게 해주겠다고 큰맘 단단히 먹고 나서는 그런 산책 말고 전문가의 조언대로 편안하게 함께 걷고, 너무 뛰고 싶어하면 같이 뛰어

주기도 하고, 냄새를 맡고 싶어하면 기다려주고, 그냥 동네를 어슬렁거리며 다니는 무계획의 그런 산책 말이다.

요즘 들어 세로토는 도파, 니카와 따로 산책을 시키고 있다. 나이 든 어르신의 산책과 20대 청년의 아침 조깅이 다르듯 10살이 되어가는 세로토에게는 좀 더 느린 속도와 기다려주는 인내심이 필요하다. 도파는 아직 젊은 엄마여서 체력이 니카만은 못해도 모녀가 함께 산책을 하는 데 큰 무리는 없다. 세로토가 빠짐으로써 트윈줄이 아닌 각자 따로 리드줄을 차지할 수 있으니 보다 독자적인 산책도 가능해졌다. 비록 보호자의 양팔이 팽팽히 당겨지는 건 마찬가지지만 말이다.

집 근처 공원에 나가면 산책 나온 동네 강아지들이 아름아름 찾아 모이는 특정한 구역이 있다. 가끔 나가는 나와는 달리 아내는 꽤 많은 사람과 이미 안면을 트고 지낸다. 그 구역은 주인은 물론 각자의 개들을 서로서로 알아보고 친근하게 이름도 불러주고 안부도 묻고 때로는 간식도 나눠주는 등 동네 개들과 보호자의 사랑방 같은 곳이다. 그 중 우리 개들을 유난히 살갑게 대하는 한 남자분이 있다. 그는 바퀴 달린 수레에 자신의 반려견을 태우고 나오는데 이름이 자두(가명)인 이 셰틀랜드 쉽독은 어찌나 털에 윤기가 흐르고 깔끔한지 노견이라고는 믿어지지 않는 자태를 자랑하지만 안타깝게도 퇴행성 관절염으로 더 이상 걷기가 힘들단다.

자두아빠는 공원에 도착하면 자두를 익숙한 동네 친구들과 인사를 나누게 하고 불편하긴 해도 잠시나마 땅에 발을 딛고 서게 해주지만 사실 자두는 수레에 실려 보호자에 의해 공원 전체를 천천히 돌며 바깥 공기를 마시는 걸로 대부분의 시간을 보내는데 우리 가족이 아는 한 거의 매일 이 산책을 빼먹지 않고 나온다. 늙고 병들었어도 눈부시게 아름답고 귀티가 흐르는 자두 옆에는 헌신적인 주인이 늘 함께 있기에 그 개는 행복해보였고, 수레를 끄는 자두아빠 역시 행복해보였다.

난 그런 자두아빠를 조금 존경하기로 했고 우리 개들이 그 아빠만 보면 달려가 엄청 꼬리를 치고 애교를 떨며 반가워해도 샘을 내지 않으려고 한다. 그 공원에 모이는 많은 개들은 다양한 견종만큼이나 성격이 달라서 모여 놀다 보면 유치원 애들마냥 엎치락뒤치락 실랑이가 벌어지곤 하지만 공원으로 기꺼이 산책을 데리고 나와준 보호자가 있는 다같이 즐거운 개들이다. 친구들을 만나 격하게 인사를 나누고, 다른 이들에게도 기꺼이 꼬리를 흔들어주고, 우리 집 거실에서는 결코 보여준 적 없는 스텝을 밟으며 뛰는 우리 개들 역시 즐거워 보인다.

아마 그 공원의 대부분의 개들은 산책 훈련 같은 것은 받아본 적이 없는 것 같고, 각측보행이 가능해 보이지도 않는다. 개중에는 낯가림이 심해 꼬리를 말고 주인 곁을 맴도는 녀석도 있고, 주인이 부르거나 말거나 자기 볼일 보기 바쁜 녀석도 있지만 뭐 어떤가. 즐겁게 놀면 그것이 최고의 산책이니 말이다.

우리 집 개들은 사회성이 너무 좋아서
모든 움직이는 게 다 신기하다.
화단에 사는 길고양이 모니도, 동네 까치들도 두루 쫓아야 한다

CHAPTER 04

우리는 서로를 아는 걸까?

오랜 세월 함께 살아온 개와 사람은 서로에 대해 얼마나 잘 알고 있는 것일까? 과연 우리가 안다고 생각하는 게 정말 진실일까? 4장에서는 개들의 카밍 시그널을 이용한 의사소통 방식과 사람의 감정을 읽어내는 개들의 특별한 능력, 개 짖는 소리의 주파수의 비밀도 알아본다. 무엇보다 사람과 개 사이에 교감을 하며 생겨나는 호르몬을 통해 진정한 반려의 의미를 찾아본다.

도파의 눈

소파에서 졸던 도파가 내가 다가가자 시선만 돌린다.
공막이 뚜렷하다.
도파의 눈은 확연히 흰자위가 커서
마치 사람처럼 시선을 통한 소통이 가능하다.
인간의 눈은 말이나 글이 생기기도 전부터
개인과 개인을 연결하는 소통창구였다.
도파가 미동도 없이 눈동자만 슥 돌려도
시선이 단박에 느껴지는 건 당연했던 거다.
와, 이쯤 되면 마치 사람 같다!

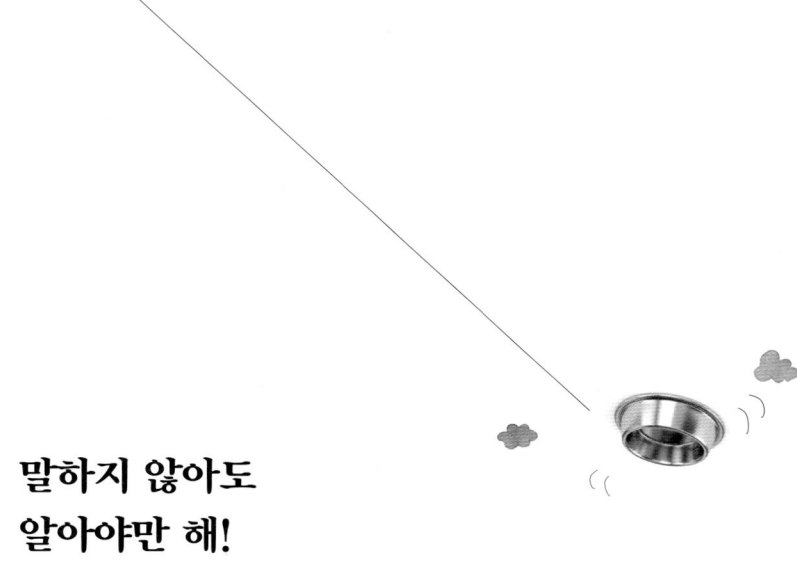

말하지 않아도
알아야만 해!

개들이 이상한 행동을 하면 먼저 알아보고 살펴보아 자초지종을 파악할 것이다. 그렇게 함께 시간을 보내다 보면 쌓이는 세월만큼 서로 더 잘 알게 되는 법 아니겠는가.

밥 먹고 누우면 소가 된다니 대체 누가 한 소리인지 믿을 수 없다. 그 말이 사실이라면 나는 지금 5만 번째 소가 되었을 것이다. 주말에 거실 소파를 가장에게 양보하는 건 우리 가족의 미덕이다. 물론 리모콘도 패키지로 묶여 있어야 한다. 이왕이면 몸에는 나쁘지만 정신건강에 도움이 되는 자세를 추천한다. 거의 누운 자세

말이다. 아이들은 아빠가 반듯하게 앉아 있는 모습은 TV 방송에서나 본 것 같다고 흉을 보지만 나는 그러거나 말거나.

일주일치 똑바로 앉아있는 자세는 이미 진료실에서 채우고도 남았다. 소파에서는 주로 영화를 보는데 누워서도 각도가 잘 나오게 거실 전면을 꽉 채우는 대형 스크린까지 설치했다. 손 닿는 곳에 간단한 안주와 와인 한 잔까지 있으면 다음 주에 꾀부리지 않고 다시 일하러 나갈 의욕이 생긴다. 아니, 그랬었다. 개가 3마리로 늘어나기 전까지는 말이다.

빼앗긴 소파

녀석들은 내가 소파에 앉으면 볼일을 끝내고 이제부터 자기들과 놀아주겠다는 신호로 받아들인다. 주로 나를 깔고 앉거나 등받이 뒤로 올라가는데 좋은 자리를 차지하기 위해 몸싸움까지 한다. 일단 무겁고 덥고(여름엔 특히 힘들다) 불편하며 답답하다. 특히 배 위로 올라오는 놈을 조심해야 하는데 시야를 가리는 건 두 번째고 사타구니를 밟히기도 딱 좋다. 당연히 손 닿는 곳에 음식을 두는 건 물 건너갔다. 내가 손을 뻗어봐야 이미 빈 그릇이다. 치맥을 즐기며 축구라도 보려면 식탁을 거실로 끌고 나오거나 부엌에도 TV

를 달아야 할 판이다. 어떤 경우든 소파에 눕듯 기대 앉을 수는 없다는 뜻이다.

    침실이라고 상황이 다르진 않다. 결국 오랫동안 쓰던 낡은 침대를 처분했다. 침대에서도 영화를 보고 싶은 나의 바람과 "당신이 영화를 볼 때 나까지 벌떡 앉아 있으란 말이냐"는 아내의 항의를 절충해 싱글 모션베드 2개를 나란히 들여놨다. 이를 우리 개들이 참 좋아한다. 사이 좋게 한 침대에 한 마리씩 자리를 잡으면 다리가 짧은 세로토는 누군가 올려줄 때까지 침대 밑에서 계속 짖는다. 아무리 아들과 딸이 자기들 방에서 같이 자자고 꼬셔도 녀석들의 1순위는 안방이다.

    개 여러 마리와 침대를 쓰는 한 숙면은 포기해야 한다. 아침에 일어나면 온 몸이 뻐딱해 안 쑤시는 데가 없다. 내가 진료실에서 수면 환경을 강조할 때마다 하는 말이 있다. 약의 도움에 앞서 숙면을 방해하는 요소를 제거하는 것이 중요하다는 말이다. 물론 문을 닫으면 된다. 하지만 앞뒤로 탁 트여 바람이 시원하게 들어오는 게 맘에 들어 이사 온 집이라 방문을 닫고 지내는 건 좀 억울하다. 쩔쩔매는 나를 보고 "교육을 받아야 하는 건 바로 당신이오"라고 말하는 훈련사들 목소리가 들리는 것 같다.

    역시 진리는 이거다. 의사의 말은 잘 듣되 의사가 하는 행동은 절대 따라 하지 말 것!

개들의 의사표시, 카밍 시그널

그런데 다 알아도 내치지 못하게 만드는 녀석들의 독특한 몸짓이 있다. 우선 도파는 일단 빙 돌아서 옆으로 다가온다. 슬쩍 엉덩이를 붙이고 내가 알아채게 만든 후 체중을 싣고 쓰러지듯 내 배 위에 자기 배를 보이며 눕는다. 만져주거나 아는 척을 안 하면 발로 내 가슴을 툭툭 쳐서 쳐다보게 만든다. 이 모든 과정이 굉장히 슬로우 모션으로 진행된다. 도파가 이렇게 나오면 나는 침대고 소파고 내 배고 다 내줄 수밖에 없다.

반면 니카는 점프 여왕이다. 한번에 내 몸 위로 날아와 착지한다. 늘 10점 만점의 안정적인 실력이다. 일단 자세를 잡고 나면 얼굴을 마주하고 사정없이 핥아댄다.

나에게 올라탄 니카를 떼어놓는 건 도파다. 도파는 니카와 내 사이를 비집고 들어와 기어이 자기 딸을 밀어낸다. 니카가 포기하고 등 뒤로 돌아가 새로운 자리를 잡기 전까지 내 배 위에서 2마리가 몸싸움을 하는 셈이다.

두 녀석이 다른 몸짓과 행동을 하는 건 이뿐만이 아니다. 도파는 내가 가까이 다가가면 아주 느린 속도로 쓰러지듯 배를 보이며 드러눕는다. 니카는 안 하는 행동이다. 니카는 같은 상황에서 엄청난 스피드로 엉덩이 전체를 실룩거리며 꼬리를 흔든다. 인파가 많은 곳에 개들을 데리고 나간 적이 있는데 니카는 계속 코를 핥아 댔다. 반면 같이 있던 도파는 털을 바짝 세우고 엉덩이를 내 발등에 얹다시피 딱 붙어 서있는다.

둘은 사고를 친 후 보이는 행동도 다르다. 니카는 눈을 살짝 내리깔고 눈치를 보듯 꼬리를 낮게 흔들며 옆으로 엉거주춤 기기 시작한다. 손만 싹싹 안 빌었을 뿐 누가 봐도 반성모드다. 도파는 일찌감치 숨어서 아예 나타나지도 않는데 주로 거실 커튼 뒤에 고개를 처박고 등을 돌리고 있다. 이런 꼴을 보고 있자면 야단치려다가도 웃음이 터지게 된다. 그러나 그건 우리의 착각이라는 것을 최근 알게 되었다. 반려견의 이런 행동은 죄책감 때문이 아니라 화가 난 보호자의 마음을 진정시키기 위한 카밍 시그널 calming signals 이었다.

카밍 시그널에 대해 말하기 전에 오래 전 우리 가족이 겪었던 어처구니 없는 사기 사건에 대해 말해야겠다. 앞서 스티치를 잃어버린 일을 이야기했었다. 스티치를 데리고 나갔다 잃어버린 아내는 말할 것도 없고 우리 가족 모두에게 처음 겪는 아프고 힘든 일이었다.

가족 모두 스티치를 찾아 다녔다. 유기견 보호소 사이트를 수시로 확인하고, 신문에 전단지를 넣어 배포했다. 주변 동물병원이나 애견샵에 전단지를 들고 다니며 수소문을 했다. 다니면서 만난 많은 사람들이 걱정해주고 위로를 건네고 돕겠다고 했지만 스티

/ 니카의 카밍 시그널 /

니카와 도파, 그리고 세로토는 다양한 카밍 시그널을 통해 의사를 표시한다.
얼핏 비슷해 보이지만 가만히 보면 각자 독특한 몸짓이 있다.
니카는 동작이 크고 의사 표현도 확실하다.

치는 돌아오지 않았다. 틀림없이 누군가 데려가서 잘 키워줄 거라며 애써 마음을 추스른 지 일년하고도 반이 지났을 때쯤이다. 아내가 저녁에 잠깐 나가야 한다며 손전등을 챙겼다. 산책길에 웬 전등인가 했더니 스티치를 찾으러 간다는 거다.

전말은 이렇다. 잊었다 싶어도 불쑥불쑥 애가 타서 간간이 스티치의 행방을 알아보던 아내는 한 애니멀 커뮤니케이터를 알게 되었단다. 그 사람은 사진을 보내주면 사진 속의 개와 영적인 대화를 해서 근황을 알려줄 수 있다고 했다. 세상에, 이건 딱 들어도 완전한 사기가 아닌가.

하지만 당시는 한 방송 프로그램에 나와 동물과 대화한 하이디라는 애니멀 커뮤니케이터가 준 충격이 채 가시기 전이었다. 오죽

했으면 그랬을까 싶어 사진 말고 돈은 얼마나 보냈냐고 물으려다 참았다. 결과는 최악이었다. 사진을 받아본 사람 말이 스티치가 야외에서 노숙생활을 하고 있다는 거다. 야생에 잘 적응해서 지내고 있으니 걱정 말라고 했다지만 그 이야기를 전해 들은 아내는 완전히 충격에 빠졌다. 누군가의 집에서 사랑받고 살고 있으려니 했는데 일년 반이 넘게 유기견으로 떠돌고 있다니 그냥 앉아 있을 수만은 없게 된 거다.

스티치를 찾을 단서는 '물이 보이는 곳'이라는 게 다였다. 아내는 너무 말도 안 되는 상황임을 깨닫고 냉정을 되찾을 때까지 보름 이상을 해만 떨어지면 집 근처 물가의 풀숲이나 으슥한 곳을 뒤지고 다녔다. 당시 우리 집 근처에는 하필이면 호수 말고도 강까지 있었다.

개 소리를 통역해드려요

그런 말에 홀랑 넘어갔던 아내는 지금까지도 매우 창피해한다. 하지만 사진을 보고 영혼과 대화한다는 그런 황당한 이야기 말고 실제 동물과 대화를 나누는 건 다른 문제다. 함께 사는 개와 대화하고 싶다는 건 아마 인류가 개와 함께 지낸 역사만큼이나 오랜 바람일 것이다. 개와 같이 지내다보면 저 녀석 생각이 든다.

사실 쓰는 언어가 달라서 그렇지 개는 상당 수준의 의사소통이 가능한 대상이다. 그래서 개를 의인화한 〈어 독스 퍼퍼스(A dog's purpose, 2017)〉 같은 영화를 보고 나면 우리 개도 저럴 수 있다는 생각이 든다. 어쩌면 우리 개들도 대단한 수다쟁이일지 모른다. 자기들끼리 모여서 힐끔거리는 게 내 흉을 보는 중일 수도 있다. 어쩌면 나는 개들의 언어를 못 알아들어도 개들은 내 말을 알아들을 수도 있다.

말 못하는 짐승이라고 함부로 대한 일들이 새록새록 떠오른다. 산책 나가기 귀찮아서 자는 척한 적도, 침실에서 내보내려고 간식으로 사기를 친 적도 있는데…. 그래도 아내보다는 낫다. 이사한 집에서 또 벽지를 뜯자 니카에게 "된장을 발라버리겠다"고 소리지르는 걸 나는 분명히 들었다.

일본에서 몇 년간 우려먹은 콘텐츠를 국내 방송에서 재탕했음에도 불구하고 화제가 된 '애니멀 커뮤니케이터 하이디 논란'의 배경도 거기에 있다. 반려동물과 대화하고 싶다는 사람들의 소망, 가능할지도 모른다고 막연히 믿었던 일들이 눈 앞에서 구현이 되니 다들 빠져들 수밖에 없을 것이다. 사람들은 간절히 믿고 싶은 것을 보여주면 믿는다.

지금은 영매술사 정도로 정리된 그런 류들 말고 나름 과학적인 시도도 있다. 그건 바로 '개소리 통역'이다. 이미 2002년에 제품

개발에 성공한 일본의 완구회사는 꾸준히 제품을 업그레이드해 2009년 개통역기 '바우링궐'을 출시했는데 개의 짖는 소리를 컴퓨터가 분석해 모니터에 표시해주는 방식이란다. 그 제품이 크게 성공하지 못한 이유는 간단하다. 기쁨, 슬픔 등 제공하는 내용이 개 키우는 사람이라면 굳이 통역기 없이도 알 수 있는 기본적인 것이기 때문이다.

2005년에는 KTF에서 '애견 통역기 독(dog)심술'을, 스마트폰 등장 이후로는 구글의 'Translator for animals' 외에 다양한 어플이 등장했는데 실제로 검색해보면 '개 번역기' '고양이 통역 도우미'부터 '모든 동물 번역기'까지 종류도 다양하다.

그러나 실제 사용해보면 아직은 이 장르가 게임이나 재미의 범주에 머문다는 걸 알 수 있다. 조금 진지한 접근으로 헝가리 에오트보스 로란드 대학 수의학 연구팀의 소프트웨어 개발이나 미국 에머리 대학의 개의 뇌파를 분석한 연구 등이 알려져 있지만 아직 제대로 된 대화와는 거리가 멀다.

갈 길이 멀어보이긴 해도 개와 소통하려는 인간의 끈질긴 노력은 언젠가는 우리와 개 사이 대화를 가능하게 해줄 것이다. 그때가 되면 나는 도파에게 물어보겠다. 그때 그 공원에서 연애한 불테리어가 어디가 그렇게 맘에 들었던 거냐고 말이다.

말하지 않아도
알아야 하는 것들

사실 아주 초보적인 의사소통이라면 나도 몇 가지는 할 수 있다. 앉아, 기다려, 가자. 겨우 그 정도냐고 하겠지만 아이들 어릴 적 집에서 키웠던 청거북이들과는 할 수 없던 일이다. 의사소통이 꼭 심도 있는 대화를 뜻하는 건 아니다. 3세 아이 정도인 개의 지능을 감안하면 사실 필요한 말이 생각보다 적을 수 있다. 때문에 인간의 언어 대신 개의 언어로 의사소통을 도모해보는 것은 합리적인 접근방식이다. 여기서 개의 언어란 코, 입, 귀, 꼬리, 소리, 움직임, 표정 등을 사용한 다양한 시그널을 의미한다.

오랜 세월 개들을 관찰해온 인간은 개들이 꼬리를 흔드는 데 대한 축적된 합의가 있다. 덕분에 우리는 "감히 어디서 꼬리를 치는 거야?"라는 드라마 대사를 들으면 무슨 뜻인지 다 알아듣는다. 개가 낑낑대며 제자리를 빙빙 돌면 용변이 급한 거라고 굳이 통역기가 거들어주지 않아도 된다. 반면 우리 가족 모두를 속게 만든 '열 받은 주인 진정시키기' 몸짓은 공부를 좀 해야 알 수 있다.

카밍 시그널에 대한 정의는 '반려견이 행동으로 자신의 감정을 표현하는 신호'다. 하지만 여기서 'calm'이라는 단어가 왜 사용되었을까? 이 말을 사용하는 훈련사들은 개들이 카밍 시그널을 사용해 무리 내에서 생길 수 있는 불필요한 분쟁을 예방하고 질서를 유지했다고 주장한다.

그렇다면 카밍 시그널은 개들 간의 소통을 위한 비언어적 소통 방식인 바디 랭귀지인 것이다. 하지만 요즘 개들은 무리 생활은커녕 어쩌다 산책길에 마주치는 개들이 전부인 외동이들이다. 그렇다면 이 신호는 개들이 대체 언제 쓴다는 걸까? 바로 나한테 사용하고 있었다.

인터넷이나 TV 프로그램만 봐도 개들의 언어에 대해 꽤 많이 배우게 된다. '반려인이 필수로 알아야 하는 개언어 6가지' '강아지가 많이 쓰는 9가지 언어' 같은 기사를 봐도 되고, 관련 책을 사서 읽어도 된다. 예를 들면 꼬리 흔들기 같은 것이다.

도파의 큰딸인 가바는 짧게는 하루 이틀, 그 댁 가족이 휴가라도 가면 일주일 정도 우리 집에 와 있곤 한다. 우리도 가바를 보고 싶고, 가바도 낯선 곳보다 엄마와 동생이 있는 우리 집이 편할 테니 언제든 환영이다. 한참 만에 보는데도 제일 먼저 달려나와 꼬리를 치며 반겨주니 가바가 나를 잊지 않았구나 싶어 살짝 찡하기도 하다.

그런 가바는 꼬리치는 모습이 독특하다. 꼬리를 흔든다기보다 허리부터 엉덩이 전체를 실룩실룩 흔들어댄다. 독특한 모습이라고 생각했는데 택배 배달원을 보면 전혀 다른 형태로 꼬리를 흔든다는 것을 발견했다. 엉덩이는 가만히 있으면서 꼬리만 약간 꼿꼿하게 흔든다. 이 경우는 '너 누구야' '다가오지 마'라는 표현이란다. 그 후 산책 길에 만나는 개가 꼬리를 친다고 해서 '처음 보는 나를 반가워하다니 내가 인상이 좋은가 봐'라는 착각은 하지 않는다. 가바는 보호자가 자기를 데리러오자 내게 흔든 속도의 2배로 엉덩이를 흔들면서 뒤도 안 돌아보고 자기 집으로 돌아갔다. 결국 나에게 꼬리를 친 건 통역하자면 '며칠 신세를 질 테니 잘 부탁드립니다' 정도였나 보다(사실은 그렇지 않다고 믿고 싶다).

다른 가족들은 커밍 시그널을 실제 사용해보려고 노력을 하는 눈치다. 하도 시끄럽게 짖길래 나가보니 산책 나간다고 흥분한 니카 앞에 리드줄을 손에 쥐고 계속 하품을 하는 아내가 서있다. 하품은 '흥분하지 말라'는 카밍 시그널이지만 유감스럽게도 성공한 것으로 보이지는 않았다.

훈련사들처럼 능숙하게 개들의 시그널을 구사하지는 못해도 우리 개들의 감정을 알 수 있다. 다른 사람들은 모르지만 우리 가족이라면 알 수 있는 그런 것들 말이다. 세로토가 우리 가족 중에서 누굴 가장 좋아하는지, 얼마나 먹는 걸 좋아하는지, 혼자 침대에 오르지 못해 얼마나 속상해하는지 안다. 주말에 아내가 늦잠이라도 자면 30분 정도는 기다려주지만 더 늦으면 방문을 긁거나 짖는다. 밥 먹을 시간이기 때문이다.

도파가 엉덩이를 질질 끌고 다니면 항문낭을 짜줘야 한다. 때를 놓치면 상처가 생겨서 가려움증이 심해진다. 니카가 산책길에 갑자기 멈춰서 말을 안 듣고 버티면 근처에 비둘기나 까치, 길 고양이가 있다는 뜻이다. 재촉하지 말고 호기심이 식을 때까지 기다려주는 것이 좋다.

적어도 우리 개들이 배고프고 아프고 외로운데 그걸 몰라줘서 불행하게 만들고 싶지는 않다. 개들이 이상한 행동을 하면 먼저 알아보고 살펴보아 자초지종을 파악하겠다. 그렇게 함께 시간을 보내면 쌓이는 세월만큼 서로 더 잘 알게 되는 법 아니겠는가.

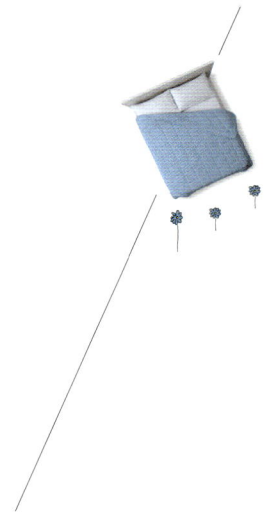

무언가 다른
눈길, 접촉, 호르몬

"인간은 달변으로 말할 수 있지만 대부분 허구적이라 늘 공허하다. 동물은 한정된 것만 말하지만 그것은 모두 진실되고 유용하다. 큰 허구보다 작은 진실이 값지다."

 도파에게 "손!"이라고 말하고 제 손을 주기를 기대했다. 별로 어려울 것도 없는데 그거 하나 안 들어준다. 츤데레 캐릭터냐고? 천만의 말씀, 도파는 지구상에서 가장 내게 다정다감한 개다. 아이러니하게도 내가 결정적으로 개를 좋아하게 된 이유는 바로 도파의 시선 때문이었다. 물론 나를 좋아해준 첫 번째 개이기도 했다.

CHAPTER 04 우리는 서로를 아는 걸까? 177

나는 그것을 도파의 눈빛으로 안다.

바닥에 배를 깔고 누워있든, 소파 밑에 들어가 얼굴만 내밀고 있든, 도파의 시선은 늘 나를 향한다. 내가 조금만 움직여도 눈동자는 나를 쫓는다. 그것도 제 머리는 가만히 있으면서 눈동자만 데구르르 움직이는 것이다. 바로 이 대목에서 내가 도파에게 홀딱 반했던 거다.

도파의 눈은 다른 개와 조금 다르다. 흰자와 검은자가 분명해서 시선의 방향을 정확하게 알 수 있다. 반면 세로토의 눈은 검은자로 가득 차있어 시선의 움직임을 짐작하기 어렵다.

이건 겪어본 사람이 아니면 참 설명하기 힘들다. 분명히 아무도 없는데 누군가의 시선이 계속 느껴진다. 그런데 설마 그게 도파일 줄이야. 도파와 세로토를 나란히 앉혀놓고 보다가 개의 눈이 다 똑같이 생긴 게 아니라는 것을 그때서야 알았다. 그 비밀은 공막에 있었다.

공막의 힘

사람의 눈을 정면에서 보면 동공과 각막, 공막을 볼 수 있다. 흔히 눈동자라고 말하는 검은자위는 동공과 각막이다. 공막은 안구의 대부분을 차지하는 흰색의 막으로 흰자위를 말한다. '동공지진'이나 '흔들리는 눈동자' 같은 표현에서 알 수 있듯이 시선을 결정하는 건 동공의 움직임이다.

동공은 움직이기도 하지만 커지거나 작아지기도 한다. 동공의 크기 변화에 관여하는 자율신경계가 감정에 의해 자극을 받으면 동공의 크기는 변한다. 우리가 동공의 움직임이나 크기의 변화를 알아차릴 수 있는 것은 하얀 공막 위에 어두운 동공이 있기 때문이다.

인간은 어떤 동물보다도 넓고 하얀 공막을 가지고 있다. 대부분의 동물들은 동공과 공막의 구분이 흐릿하거나 동공이 눈의 대부분을 차지해 눈 전체가 거의 같은 색으로 보인다. 바로 세로토의 눈이다. 동물의 눈이 이렇게 생긴 건 어느 곳을 바라보는지 외부에서 알지 못하게 하려는 생존을 위한 선택이다. 마치 눈동자에 선글라스를 쓴 것처럼 말이다.

그런데 도파의 눈은 다르다. 확연히 흰자위가 커서 마치 사람처럼 시선을 통한 소통이 가능하다. 인간의 눈은 말이나 글이 생기기도 전부터 개인과 개인을 연결하는 소통창구였다. 미동도 없이 도파가 눈동자만 슥 돌려도 시선이 단박에 느껴지는 건 당연했던 거다. 와, 이쯤 되면 마치 사람 같다!

아주 오래된 언어, 눈

어떤 대상에게 끌릴 때가 있다. 대부분의 경우 감각에 의한 현상이다. 청각이나 후각, 촉각이 중요한 역할을 하지만 시각만큼 큰 역할을 하지는 못한다. 첫눈에 반한다는 말은 있어도 첫소리나 첫 냄새에 반한다는 말은 없으니 말이다. 눈은 마음의 창이라 한다. 너무 뻔한 이야기라 별 감흥이 없지만 알고 보면 꽤 무서운 이야기다. 사람 사이의 소통에서 눈은 정말 바쁘다. 머릿속을 오가는 찰나의 생각들은 즉각 눈을 통해 전달된다. 입을 다물어 전달하지 말아야 할 생각도 눈은 잘 거르지 못한다. 눈빛은 입이나 표정과 달리 조절도 어렵고, 훈련도 쉽지 않다.

얼마 전 화제가 된 영화 〈공작〉은 남북관계를 배경으로 '흑금성 사건'이라는 실화를 모티브로 만든 영화다. 실제 이야기의 당사자를 만난 주연배우의 인터뷰가 인상적이었다. 한때 공작원이었던 그 사람은 눈이 전혀 읽히지 않아서 탁 막힌 벽 같은 느낌이었단다. 상대방에게 자신의 생각을 들켜서는 안 되는 일을 하는 사람의 혹독한 훈련 결과다. 대부분은 좀 더 쉬운 방법을 택한다. 시선을 피하든지 눈을 가린다. 수사관이 범인을 취조할 때도, 우리 딸이 남동생과 시시비비를 가릴 때도 눈을 똑바로 쳐다보라고 말한다. 어두운 실내에서도 선글라스를 벗지 않는 사람들을 보면 선글라스는 꼭 햇볕을 가리기 위해 쓰는 물건만은 아니다.

남의 시선을 피하고 싶은 사람은 자기 눈부터 가린다. 이것은 흔한 질환인 사회불안장애(대인공포, 무대공포)에서 나타나는 현상인 시선회피 또는 시선공포를 설명해줄 수 있다. 눈을 피하는 건 상대와 진솔한 커뮤니케이션을 원하지 않는다는 가장 확실한 의사표시다. 그래서 멋진 덕담도 시선이 허공을 헤매는 순간 공허해진다. 반대로 상대에게 전하고 싶은 마음이 간절한데 입이 미덥지 못하다면 눈을 믿어보자. 한마디 말에 애절한 눈빛이 더해져 큰 활약을 하는 순간도 있다. 심지어 입을 닫고 말을 하지 않는 게 더 나은 경우도 얼마나 많은지. 말이 없어도 의사소통이 가능하기에 언어를 교환할 길 없는 사람과 개 사이에서 눈은 할 일이 더 많다.

시신경이 시상하부와 직접 연결되어 있다는 점은 눈이 하는 일을 명확히 알려준다. 고작 아몬드만한 크기인 시상하부의 가장 중요한 기능은 뇌하수체pituitary gland를 경유해 신경계nervous system와 내분비계endocrine system를 연결하는 것이다. 감정과 기억에 관여하고 체온, 배고픔, 갈증, 피로, 수면 그리고 생체 리듬을 조절한다는 뜻이다. 시상하부를 가진 동물 중 인간과 가장 오랜 기간 가까이 지낸 건 바로 개다.

인류학자들은 최초로 늑대개를 길들인 집단이 그러지 않은 집단에 비해 생존할 확률이 더 높았다고 말한다. 야생을 포기하고 사람과 함께 살기로 결정한 개의 조상은 사냥을 돕거나 외부의 침입을 알려주었고, 인간은 그들에게 먹이와 잠자리를 제공했다. 때문에 인간과 개는 언어를 대신할 다양한 형태의 의사소통이 필요했을 것이다. 흔히 카밍 시그널로 불리는 다양한 형태의 몸짓이나 꼬리의 움직임, 울음과 짖음, 표정 등으로 개의 감정을 읽어내기도 하지만 눈빛만큼 섬세하고 정확한 것은 없다. 그들은 그렇게 서로를 각자의 유전자 속에 각인시키며 3만 년의 시간을 함께 지내왔던 것이다.

사람들은 자신의 반려견과 좀더 높은 수준의 섬세한 소통을 원한다. 언제 기분이 좋은지, 어떤 장난감을 원하는지, 왜 짖는지, 소파를 뜯는 이유는 무엇인지, 빈 집에 있을 때 얼마나 힘든지, 식구 중 누구를 가장 좋아하는지를 궁금해한다. 2009년 한 TV 프로그램에 출연했던 애니멀 커뮤니케이터는 눈을 들여다보는 것만으로 개나 고양이의 생각을 읽어내 많은 사람을 놀라게 만들었다. 심지어 이상 행동을 보이는 동물의 과거를 정확히 맞추고(동물의 이야기를 들을 수 있단다), 문제를 해결하기까지 했다. 그러나 애니멀 커뮤니케이터가 다른 말로 'pet psychic'이라고 불리는 데서 알 수 있듯이 그런 류의 의사소통은 과학이 아니다.

개들과 과거사를 포함한 속 깊은 대화까지는 힘들어도 감정상태, 욕구를 알아내는 것 정도는 지금도 할 수 있다. 배가 고픈지, 화가 났는지, 졸린지, 놀고 싶어하는지 말이다. 반면 개들은 인간의 숨겨진 감정과 그것을 표현하는 몸짓을 훨씬 잘 알아차린다. 속상한 일로 혼자 슬픔을 삭히고 있을 때 곁에 다가와 몸을 기대며 위로해주는 건 같이 사는 개다.

복잡한 언어의 도움 없이 의사소통을 해야 하는 동물의 언어는 원시적이고 간단하지만 오류가 없고 정확하다. 그리고 아주 오래된 그 언어를 담고 있는 건 그들의 눈이다. 우리가 반려견과 서로의 눈을 들여다볼 때 감정적이고 유전적인 유대감이 생겨나는 이유다. 그러니 개가 사람보다 더 위로가 될 때가 있다.

"인간은 달변으로 말할 수 있지만 대부분 허구적이라 늘 공허하다. 동물은 한정된 것만 말하지만 그것은 모두 진실되고 유용하다. 큰 허구보다 작은 진실이 값지다."

레오나르도 다빈치의 말이 마음에 와닿는다.

우리 사이의 호르몬인
옥시토신

당신이 동공 확장, 심박수의 변화, 안면홍조, 안면근육의 변화를 언제 경험해 보았냐는 질문을 받게 되면 어떨까? 아니면 당신의 눈이 크게 떠지고 심장이 터질 듯이 뛰고 얼굴이 발그레해지고 나도 모르게 말을 더듬게 되는 순간은 언제였을까? 바로 사랑에 빠져 얼간이가 되었을 때다. 이 바보짓의 원인이야 앞에 있는 누군가가 제공했겠지만 직접적인 범인은 바로 옥시토신^{oxytocin}이다.

일명 '사랑의 호르몬'이라 불리는 옥시토신의 가장 중요한 임무는 자궁수축을 통해 출산시 진통을 유발하고 분만이 쉽게 이루어지게 하며 젖의 분비를 촉진시키는 일이다. 임신에 관계된 호르몬답게 옥시토신은 생물이 자기 자식을 보살피도록 유도한다. 젖먹이에게 수유하는 동안 엄마는 아기를 사랑스런 눈길로 쳐다보고, 아기도 눈을 뜨면 가장 먼저 엄마를 쳐다보고 눈을 맞추게 된다. 이 과정에서 산모가 아기에게 강한 정서적 유대감을 느끼는 것 역시 이 호르몬의 작용이다.

옥시토신은 인간의 사랑에도 관여한다. 호감 가는 상대를 보았거나 매력을 느낄 때 역시 옥시토신이 분비된다. 이때의 옥시토신은 포옹과 신체접촉에 대한 충동 및 성적 욕구를 불러 일으키는데, 깊은 감정적 교류가 올 때 역시 분비된다. 19세기 초반 발견된 옥시토신은 1970년대 다양한 연구를 통해 옥시토신 생성 뉴런이 뇌 전체에 신호를 보냄으로써 행동을 조절한다는 것이 밝혀졌지만 행동을 변화시키는 메커니즘을 파악하는 건 지금까지도 해결해야 할 과제로 남아있다.

다만 옥시토신이 사랑의 호르몬만이 아닌 것은 확실하다. 일단 그간의 연구를 통해 밝혀진 것만으로도 뇌의 다양한 부위에서 집중력을 발휘해 긍정적인 사회적 교류를 증진시키고, 혈압과 코티솔 분비량을 적절하게 조절하고, 고통을 이겨내게 만들며, 불안을 낮춘다.

사람들은 스트레스를 낮추고 기분이 더 좋아지기 위해 젖먹이 아기나 사랑하는 연인 없이 옥시토신 수치를 높이는 방법을 찾는다. 잘 알려진 방법으로 격려의 말, 경청이나 명상, 적당한 운동, 참지 말고 울기, 다른 사람을 돕거나 베풀기 등이 있지만 가장 효과가 확실한 것은 신체적 접촉이다. 여기에는 성적인 관계뿐만 아니라 포옹, 키스, 애무 등이 다 포함되는데 연인, 가족, 친구 말고도 우리에게는 개가 있다.

주인과 함께 지내는 개의 옥시토신 분비가 고양이에 비해 무려 5배가 많다는 연구결과를 소개한 기사를 읽었다. 주인이 개, 고양이들과 각각 10분 동안 함께 놀아주고 그 전과 후에 타액을 채취했더니 고양이는 옥시토신 수치가 12% 증가했고, 개는 57.2% 증가했다고 한다. 사람의 경우는 배우자 혹은 자녀와 함께 시간을 보내면 옥시토신 수치가 40~60% 상승하는 것으로 알려져 있다. 다시 말해 개들은 사람 못지않은 양의 옥시토신을 분비하는 것이다. 함께 시간을 보냈을 때 옥시토신 분비가 늘어나는 건 단지 개뿐만이 아니다.

일본 연구진의 한 실험에 의하면 보호자와 반려견이 100초 이상 눈을 맞췄을 때 사람은 평소보다 4배, 개는 40% 가까이 옥시토신 분비가 늘어난 걸로 나온다(이런, 사람이 개를 훨씬 더 좋아한다!). 개와 인간은 완전히 다른 종인데도 마치 부모와 자식, 연인 사이처럼 마주 보고 있으면 관계형성 호르몬인 옥시토신이 나온다. 그래서 정서적으로 안정되고 더 오래 바라보게 되는 일종의 선순환 현상이 생긴다. 나와 도파 사이 그리고 당신과 반려견 사이에는 바로 사랑의 호르몬인 옥시토신이 흐르고 있었던 것이다.

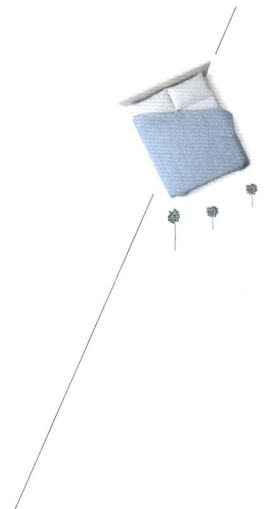

개 짖는 소리
– 주파수의 비밀

사람들이 특정 견종에 끌리는 이유에는 분명히 주파수 특성도 있다고 확신한다. 편애 대마왕의 변명일 수도 있겠지만 변명치고는 꽤 합리적으로 들리지 않는가?

'편애'는 무척이나 문제가 많은 단어다. 받는 사람이나 받지 못하는 사람, 그리고 편애를 하는 사람 모두 패자다. 그런데 나는 집에서 편애 대마왕으로 통한다. 예전에는 아이들에게 아들보다 딸을 더 예뻐한다는 오해를 받아 세상 억울했었다. 다들 아시겠지만 세상의 모든 아빠는 아들보다 딸을 조금 더 신기해할 뿐이다.

지금은 아내까지 합세해 온 가족이 나한테만 뭐라고 한다. 세로토를 싫어하고 도파와 니카만 예뻐한다는 것이다. 심지어 세로토도 그렇게 생각한다. 내 손에 간식이 들리지 않는 한 내 옆으로 오는 법이 없다. 부당하게 미움을 받는 세로토는 나 빼고는 다 자기 편이다. 엉뚱한 곳에 똥이 있거나 뜯겨진 CD 케이스를 본 내가 소리칠까봐 온 가족이 나선다. 딸내미는 "어쩌나? 아빠가 사랑하는 니카가 방금 그 쪽에서 뛰어 오던데"라고 하고, 아내는 "사이즈 보니 딱 도파 똥이네"라고 한다.

편애
대마왕

억울하냐고? 아니다. 사실 나는 세로토보다 니카나 도파가 훨씬 좋다. 억울한 쪽은 내가 아니라 세로토여야 맞다. 세로토는 강아지 때 누구처럼 벽지를 뜯는 식으로 집안의 기물을 파손하지 않았다. 식탁 위에 음식은 발이 닿지 않아서라도 못 건드린다. 다리가 부러지는 바람에 퍼피 라이센스 기간에 변변한 사고 한번 못 쳐보고 깁스를 한 채 보냈다. 부산스럽지도, 극성스럽지도 않아 포메라니안치고는 수더분한 편이다.

식탁 뒷벽에 걸어놓은 가족 사진 가운데 우리 집 개들의 어릴 적 모습도 있는데 거기에는 앙증맞은 세로토가 빼꼼 뒤돌아보고 있다. 우리 집에 처음 와서 내 발을 보고 통통볼처럼 뛰던 바로 그때 모습이다. 발랄하고 애교 많고 예쁜 강아지였다. 그리고 지금은 우리 가족과 10년을 함께 산 노견이 되었다. 그런 세로토를 나만 예뻐라 하지 않으니 욕을 먹어도 할 수 없다고? 변명같이 들리겠지만 나는 세로토를 싫어하지 않는다. 다만 자꾸 피하게 되는 것 뿐이다.

의사일과 더불어 꾸준히 곡을 쓰고 녹음을 하고 믹싱^{mixing} 등 음악 작업을 해온 나는 소리의 주파수에 매우 민감한 편이다. 보컬과 각 악기별로 음역대를 어떻게 배치하느냐는 좋은 음악을 완성하는 데 있어 아주 중요한 문제이기 때문이다.

5천~8천Hz의 중고역대 주파수에 위치하는 소리는 날카롭고 맑고 깨끗한 소리일 수 있지만 동시에 그 날카로움은 금방 귀를 지치게 만든다. 그런 음악은 술에 취해 정신줄 놓고 춤추는 것이 아니라면 장시간 즐기기 어렵다.

800~5천Hz대의 중저역대 음역은 존재감이 있으면서 앞으로 잘 나오는 소리다. 가사들이 잘 들리고 음악적 표현들도 분명해진다. 그러나 그것만으로는 음악에 개성과 생기를 불어 넣을 수 없다. 저역대에서 중저역대의 낮은 음역은 베이스기타나 킥 드럼 같이 두툼한 소리로 듣는 이의 가슴을 울리고 신나게 만드는 효과가 있다.

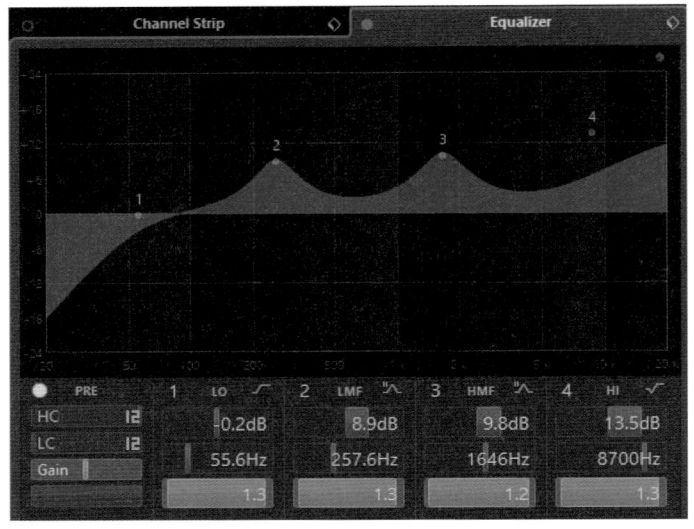

/ 가청역대 주파수 (1 : 저역대 2: 중저역대 3: 중고역대 4: 고역대) /
가청역대는 이와 같이 4개의 영역으로 나눈다.
저역대, 중저역대, 중고역대, 고역대가 그것이며
개의 가청역대는 인간보다 월등하다.

특히 중저역대 소리는 따뜻하고 부드럽고 포근하게 사람을 감싸 안아준다. 견고하고 기름진 소리라고 할 수 있다. 그러나 중저역대가 강조될 경우 어딘가 소리가 둔탁하고 앞뒤가 꽉 막힌 것처럼 답답하게 느껴진다.

이제 좀 더 깊게 다룰 이야기는 소리의 주파수 영역대, 즉 가청역대와 불가청역대에 관한 이야기다. 가청역대는 다음 4개의 영역으로 나눈다. 저역대, 중저역대, 중고역대, 고역대가 그것이다.

인간의 가청주파수 대역은 20~2만Hz에 해당한다. 개의 가청역대는 40~6만Hz로 인간보다 월등한 청각을 갖고 있다. 또한 인간이 못 듣는 초고역대, 즉 초음파를 잘 듣는다는 의미이기도 하다. 인간은 나이를 먹을수록 1만Hz 이상의 고음역대도 잘 듣지 못하는데 말이다.

그렇다면 사람 목소리의 평균 주파수는 어떻게 될까? 남성은 100~150, 여성은 200~250Hz 정도에 해당하는데, 여성은 최고 1,700Hz 정도까지 올라갈 수 있는 반면 남자는 600~700Hz가 최고라고 한다. 나는 남자 목소리 중에서도 비교적 낮은 편인데 성악을 한 것 같다는 소리도 듣지만 목소리를 너무 깔아 느끼하다는 소리도 종종 듣는다. 저음에 가까운 목소리일수록 이런 억울한 소리를 듣게 된다.

이러다 보니 어떤 음악을 우리의 청각 시스템에 '듣기 좋고 편안하면서도 맑고 깨끗하게 들리게' 만들어야 하는 음악 믹싱 작업에는 예민한 귀가 필요하다. 게다가 음역대를 좋아하는 것은 개인별로 편차가 크다. 그 음악을 듣게 되는 상황도 고려해야 한다. 클럽이나 해변에서 듣기에 신나는 음악이 카페에서라면 소음이 될 수 있기 때문이다. 그래서 경험이 많은 믹싱 엔지니어들은 어떤 장르의 음악인지, 듣게 될 대상이 누구인지도 고려한다. 그리고 어떤 경우에도 음역대가 어느 한 쪽으로 편중되지 않도록 경계한다.

소리와
소음 사이

　체구가 크고 몸무게가 많이 나가는 사람일수록 목소리가 낮은 사람이 많다. 아까 말한 느끼한 목소리의 당사자인 나 역시 덩치가 좀 큰 편이다.

　그런데 개도 덩치에 따라서 짖는 소리의 음역대가 달라진다. 개 짖는 소리의 평균 주파수는 1천~2천Hz로 알려져 있다. 사람 목소리의 평균 음역대보다는 상당히 높다. 많은 사람들이 개 짖는 소리에 민원을 제기하는 이유다.

　나는 중형견인 도파의 굵직한 중저역대의 짖는 소리가 듣기 좋다. 그래서 내가 만든 노래에 도파의 짖는 소리를 삽입하기도 했다. 어떤 사람은 이것을 편애라고 할지도 모르지만 특정 색깔을 좋아하고 특정 장르의 음악을 좋아한다고 해서 꼭 편애라고 하지는 않는다.

　내가 베들링턴 테리어라는 견종에 반한 이유 중의 첫 번째가 눈이라면, 두 번째는 단연 짖는 소리다. 주파수와 함께 소리의 크기 역시 중요하다. 바로 데시벨 decibel; dB 로 표기되는 음량을 말한다. 아무리 듣기 좋은 소리를 가진 여성이라도 소리를 지르면 도망가고 싶어진다. 도파는 일단 잘 안 짖고 짖어도 짧고 굵다.

　아이들 소리를 떠올려보자. 4~5세 아동의 목소리 주파수 역대는 얼마일까? 평균적인 여성 목소리 주파수대인 200~250Hz보다 훨씬 높게 측정된다. 하지만 우리가 기억하는 아이들 소리란 차분하게 이야기하는 것이 아니고 소리치고 웃고 떠드는 소리다. 주파수도 높은데 데시벨도 높다. 그래서 놀이터의 아이들을 흐뭇하게 지켜보는 부모도 있지만 찢어지는 비명이 소음으로 들리는 사람도 있다.

하지만 요즘은 아이가 있는 집보다 개를 키우는 집이 더 많아 아파트 놀이터 소음은 개 짖는 소음에 비하면 추억의 소리라고 봐야 한다. 이웃 간의 언쟁에서 살인미수까지 이어지는 층간 소음 갈등에서 우리 집이 상대적으로 자유로운 것도 같은 층 세 집 중 세 집, 위아래 총 여섯 집 중 한 집 빼고 전부 개를 키우기 때문이다. 짖어도 뉘 집 개인지 알기 힘들고 한 마리가 짖으면 다른 개들까지 따라 짖으니 피차 자기 개 입 단속하기도 바쁘다.

개가 짖으면 제일 괴로운 건 같이 사는 사람이다. 전화벨 수준의 65dB부터 전기 톱 소리만큼 심한 128dB까지 사실 개 짖는 소리는 만만치 않은 소음이다. 120~140dB 정도의 소리라면 잠시도 견디기 힘들고, 80dB 이상의 소음도 오랜 기간 계속 들으면 청각장애가 올 수도 있다.

심리음향학에 사람의 청각 감도를 고려한 가중 데시벨 weighted decibels 이라는 값이 있다. 사람의 청각감도는 1천Hz 이하보다 그 이상의 주파수에 대해 더 민감해서 같은 물리적 크기라도 심리적으로 더 크다고 느끼게 된다. 같은 음량일 경우 주파수가 높을수록 인간의 뇌는 더 시끄럽게 인지한다는 의미이다.

개 짖는 소리의 주파수가 1천~2천Hz이니 가중 데시벨이 더 높을 것이고, 따라서 비슷한 음량(물리적)의 소리들 중에서도 사람에게는 좀 더 크게, 따라서 더 불쾌하게 들릴 수 있다. 그리고 이제 이런 복잡한 이야기를 길게 늘어놓은 진짜 속내를 털어놓을 때가 왔다.

내 귀에 개 짖는 소리

도파나 니카와 달리 개 짖는 소리에 화들짝 놀라게 될 때가 있다. 바로 세로토가 짖을 때다. 조금 과장하자면 고막이 울리는 정도를 넘어 뇌가 흔들거리는 느낌을 받는다. 놀라서 그런 것이 아니고 실제로 물리적인 통증을 느낀다. 어쩌다 그런 것도 아니고 세로토가 짖을 때마다 고통스러우니 나도 모르게 인상을 구기게 된다.

그러나 다른 식구들은 세로토의 앙칼진 소리가 아무렇지도 않은 모양이다. 아내는 낯선 이가 와도 짖을 줄도 모르는 덩치 큰 놈들보다 세로토가 밥값이라도 하는 거라며 기특해한다. 아이들 역시 별걸 다 가지고 세로토만 구박한다며 나를 편애 대마왕으로 만든다.

자, 지금부터가 나의 고통을 입증해줄 합리적인 설명이다. 오랜 시간 인간의 필요에 따라 개량되어온 개들은 견종에 따라 짖는 패턴이 다르다. 보통 잘 짖는 개들은 2가지 부류로 나뉜다. 첫 번째는 사냥이나 방범 등의 목적에 맞게 선택 교배를 통해 만들어진 견종이다. 싸움 잘하고 사나운 개들로 분류되는 도사견이나 아메리칸 핏불테리어, 로트와일러, 저먼 셰퍼드 등이다. 두 번째는 작은 몸집을 가진 소형견이다. 큰 상대로부터 자신을 지켜야 한다는 방어 본능으로 잘 짖는다. 잘 짖지 않는 개는 흔히 말하는 덩치 크고 순한 개, 즉 골든 리트리버, 래브라도 리트리버, 그레이트 피레네즈, 세인트 버나드 등이다.

세로토는 소형견인 포메라니안이다. 이 견종의 특징은 앙칼지고 예민하다고 알려져 있지만 실제 혈통은 덩치 큰 썰매견 출신이다. 원래 몸집이 굉장히 큰 놈을 잦은 교배로 소형견으로 만들었지만 기질적으로는 아직도 스스로를 강한 개로 여긴다. 이런 특징은 높은 공격성으로 이어져 간혹 대책 없이 대형견에게 덤비기도 한다. 소형견 중에서는 지능도 높은 편에 속하니 잘 짖는 개의 여러 요소를 두루 갖춘 셈이다. 체구가 작으니 주파수는 개 중에서도 높은 쪽에 해당되는데 기관지 협착이 있어 소리가 더 가늘게 나온다. 내가 느끼는 가중 데시벨 값이 도파에 비해 월등히 높은 것이다.

그래도 아직 설명이 안 되는 부분이 있다. 함께 음악 작업을 하고 음반도 낸 내 동생은 오히려 도파의 짖는 소리에 귀를 막고 괴로워한다. 반면 세로토 짖는 소리는 아무렇지도 않아 한다. 같은 부모에서 태어나고 음악 취향이 비슷한 것을 넘어 곡을 만들고 연주하고 녹음에 믹싱까지 함께 하는 동생조차 개 짖는 소리의 주파수에 다른 반응을 보인다. 도대체 이런 일이 왜 일어날까?

주파수도
궁합이 있다

사람들은 자신이 좋아하는 특정 주파수에 해당하는 음역대가 있다. 이런 현상은 음악의 특정 장르를 선호하게 되는 주된 이유이기도 하다. 베이스가 강조되는 저역대 음역인 힙합을 좋아할 수도, 저역대는 거의 없는 맑고 명징한 중고역대 음악인 고전음악을 좋아할 수도 있다. 발라드, 재즈부터 헤비메탈까지 다양한 음악 장르가 존재하는 이유이기도 하다.

그래서 이러한 전혀 다른 장르의 음악을 들으려면 헤드폰이나 스피커도 특성에 맞는 것을 골라야 한다. 특정 주파수에 민감한 현상은 똑같은 소리에도 사람마다 반응이 다를 수 있다는 것을 설명해준다.

　그러니 내가 세로토의 짖는 소리를 불편해하는 것은 내 잘못이 아니다. 타고난 귀가 그런 것을 난들 어쩌란 말인가. 게다가 세로토는 내가 고통을 꾹 참고 넘기기에는 너무 자주 짖는다. 참을성이 많은 사람도 같은 곳을 또 맞으면 더 아픈 법이다.

　음식을 먹는 데도 입맛이라는 게 있고(난 유치원생도 먹는다는 매운 음식도 잘 못 먹는다) 사람 간에도 궁합이 있다. 궁합이 맞는 이유를 제대로 설명하기는 쉽지 않다. 어떤 사람들은 고양이를 좋아하고, 어떤 사람들은 개를 좋아한다. 개를 좋아하는 사람도 어떤 개에게는 그다지 매력을 못 느낀다.

　개라면 견종불문 일단 예뻐하고 보는 처제도 우리 집 도파나 니카를 처음 보고는 고개를 갸우뚱했었다. 그런 처제가 키우는 개는 내 눈에는 늘 뚱해 보이는 시츄만 2마리다. 나는 사람들이 특정 견종에 끌리는 이유 중에는 분명히 주파수 특성도 있다고 확신한다. 뭐 편애 대마왕의 변명일 수도 있겠지만 말이다. 변명치고는 꽤 합리적으로 들리지 않는가?

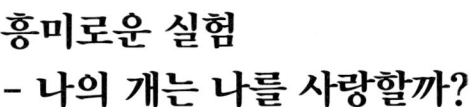

흥미로운 실험
- 나의 개는 나를 사랑할까?

나는 믿기로 했다. 도파가 먹을 것보다는 나를 더 사랑하고, 단지 내 손에 먹을 게 있으면 더 기뻐할 뿐이라고 말이다.

병원에서 검사를 받기 위해 MRI나 CT 기계 안에 들어가 누워본 경험이 있는가? 장담컨대 그다지 유쾌한 경험은 아니다. 시간에 쫓기는 퉁명스런 의사는 엑스레이에 뭔가 보이니 더 검사해서 알아보자는 소리만 하고 환자를 진료실에서 쫓아내기 바쁘다. 왜 이런 검사를 해야 하는지 자세히 설명을 들어도 불안한 상황인데 말이다. 혹시 암은 아닐까 걱정되기 시작한다.

MRI 검사를 위해서는 신체 부위에 따라 편차가 있긴 하지만 보통 30~40분 이상의 시간을 몸이 고정된 상태로 있어야 한다. 기계에 눕기도 전에 이미 큰 병이 아닐지 걱정하며 불안과 공포로 덜덜 떠는 환자에겐 꽤 긴 시간이다.

개를 대상으로 한
f-MRI 검사

요즘은 개나 고양이의 MRI나 CT 검사를 하는 병원이 많이 생겼다. 보통 경련, 발작, 하지나 사지마비, 보행실조, 기립불능, 사지강직, 선회운동, 시력소실, 의식이상 등의 증상이 나타날 경우 권유된다.

반려인구가 늘고 반려동물에 대한 문화나 인식이 개선되면서 개의 질병에 대해 기꺼이 비싼 비용을 지불하려는 책임감 있는 보호자가 그만큼 늘어났다는 증거다. 사람보다 동물의 검사는 훨씬 어렵다. 일단 가만히 누워있게 하는 것이 불가능하므로 검사의 정확성을 기하기 위해 보통은 전신마취를 한다. 검사 비용이 만만치 않은 이유다.

f-MRI라는 검사가 있다. f-MRI의 f는 functional(기능성)의 약

자인데 말 그대로 뇌의 활동에 따른 각 부위의 기능적인 면을 검사할 때 사용한다. 예를 들면 우울증 환자의 f-MRI는 일반인과는 활성화 양상이 다르게 나타난다. 이 검사는 MRI보다 훨씬 까다롭고 예민하다. 가만히 누워만 있는 것이 아니고 계속해서 영상이나 청각 자극 등의 인지적 자극을 받으면서 뇌의 각 부위별 활성화를 측정해야 한다. 다시 말해 검사를 받는 내내 깨어 있으면서 자극에 반응을 해야 한다는 의미다. 약간만 움직여도 측정되는 생체 신호를 오염시킬 수 있어 부동지시를 따르기 힘든 치매 환자나 ADHD 환자는 검사가 힘들다. 이런 검사이니 개를 대상으로 f-MRI 검사를 한다는 일은 거의 불가능하다. 그런데 이런 말도 안 되는 일을 진행한 이가 있다.

미국 에모리대학의 정신과의사 그레고리 번즈(Gregory Berns) 박사는 칼리, 맥킨지 2마리 개를 f-MRI 기계통에 들어가 장시간 얌전히 누워 검사를 받을 수 있도록 훈련시켰다. 개의 뇌에서 무슨 일이 일어나고 있는지를 알아보기 위해서 말이다.

그는 논문과 별도로 연구 과정과 결과를 담아 출간했는데 제목은 『How dogs love us』이다. 무모해보이기는 해도 번즈 박사의 연구 자체는 매우 흥미로운 내용이다. 중요한 결과 중 하나는 개에게 친숙한 사람의 냄새를 맡게 했을 때 미상핵(보상중추) 활성화가 관찰된다는 점이다.

이 연구에 따르면 개는 보호자의 냄새를 맡으면 기쁨을 느끼는 뇌 부위가 활성화되고, 그 결과 보호자는 꼬리를 흔들고 겅중거리며 반가워하는 개의 행동을 보게 된다. 사실 검사 결과 밝혀진 내용은 그 동안 개에 대해 인간이 알던 보편적인 지식과 큰 차이는 없다.

연구팀은 2년의 연구 기간 거의 대부분을 개를 윙윙거리는 검사 기계 안에 머리를 들이밀고 가만히 있게 하는 훈련에 할애했다. 개가 보호자를 좋아한다는(제대로 된 보호자를 말한다) 누구나 다 아는 사실을 뇌 과학적으로 증명하기 위해 개나 연구팀이나 고생을 너무 많이 했다.

개들에게
가장 중요한 건?

책의 제목이 말해주듯 번즈 박사는 개의 뇌영상을 찍어서 개가 무슨 생각을 하는지, 개가 인간을 사랑한다는 증거를 발견할 수 있을지 알아보려고 했다. 당신에게 제일 중요한 사람은 누구일지 묻는 따분한 질문에 대한 답은 무엇일까? 아직 스스로의 삶을 충분하게 책임질 수 없는 이들에게는 먹여주고 입혀주고 재워주는, 즉 의식주를 해결해주는 사람일 것이다. 당장의 생사여탈권이 달려 있기 때문이다.

자기가 혼자 큰 줄 아는 10대의 뿔난 청소년들보다 갓난아기에게 부모가 더 중요하다. 갓 입사한 신입사원에게는 직장상사가, 군대에서는 선임고참이, 결혼을 앞둔 남자에게는 눈 앞의 신부가 고향에 계신 부모보다 지금 당장은 더 중요한 존재다. 개에게는 먹여주고 재워주는 보호자가 제일 중요한 존재 아닐까? 이는 가바만 봐도 알 수 있다. 새로운 가정에 간 지 얼마 되지 않았는데 9개월을 키워 준 우리 식구보다 그 집 식구를 훨씬 좋아한다.

그럼 나와 눈만 마주치면 촉촉한 눈길을 보내며 배를 쓰다듬어 달라며 몸을 살짝 뒤집는 도파와 니카에게 제일 중요한 사람은 누구일까? 아쉽지만 나는 아닌 것 같다. 굳이 f-MRI까지 안 찍어봐도 그 정도 눈치는 나도 있다. 그 촉촉한 눈길과 애교 가득한 몸짓이 순식간에 사라져 버리는 순간이 있다. 아내가 주방에만 들어서면 그때마다 생각한다. '그래! 이 녀석들은 나보단 먹을 것을 좋아하지!' 사랑에 취해 있다가 확 깨는 순간이다.

내가 아무리 세상에 모든 개들 중 유일하게 좋아하는 건 너희들이라고 외친들 알아줄 리 없다. 먹을 것을 사는 돈은 내가 벌어올지언정, 챙겨주는 사람은 아내다. 그래서 인간세계에서도 아이들의 애정을 주로 차지하는 사람은 아빠가 아니라 엄마다. 아이들은 커서라도 아빠의 노고를 알게 된다지만 개들의 지능은 나이가 들어도 3세 정도에 머무르니 시간이 해결해줄 일도 아니다.

나를 사랑하는 것이 틀림없다

그럼에도 불구하고 나는 개를 좋아한다. 아니다. 정확하게 이야기하자면 도파와 니카를 좋아한다. 다른 집에 간 가바를 포함해서 말이다. 내가 제일 좋아하는 옆으로 힐끔 보는 눈동자(그걸 보고 싶어 누워 있는 도파 주변을 일부러 빙빙 돈 적도 있다), 허리부터 요동치며 흔들리는 꼬리, 살며시 다가와 은근히 체중을 기대는 몸짓을 말이다. 모녀가 똑같은 포즈로 거실에 깔개처럼 누워 있는 모습 등 일일이 설명하기도 쉽지 않다.

그러나 사랑스러운 행동보다 더 감동적인 것은 개들이 나의 감정을 눈치채고 공감한다는 점이다. 내가 편안하게 쉬고 있으면 개들도 스스럼 없이 다가와 나를 귀찮게 군다.

하지만 내가 놀아 줄 기운이 없거나 기분이 나쁘면 조용히 자리를 피해준다. 이것은 정말 신기하게 느껴진다. 저리 가라는 소리에 구석으로 물러났다가도 나와 다시 눈을 마주치면 얼른 달려와 다시 무릎에 발을 올린다. 삐지는 법도 없고, 따지는 법도 없고, 시종일관 다정하다. 아내 역시 예전에 소파에 앉아 울고 있을 때 다가와 발등을 따뜻한 배로 덮으며 위로해준 코커 스파니엘을 떠올리며 그리워하곤 한다.

개는 사냥을 포기하고 인간과 공생하기로 한 순간부터 상대의 생각을 직관적으로 파악하는 사회적 지능을 진화시켜 왔다. 사회적 지능은 높은 수준의 공감 능력을 갖게 해준다. 개들은 사람의 생각도 파악하지만 감정도 느끼는 정서적 지능을 가진 동물인 것이다. 도파와 니카는 내가 사료값을 벌어오는 사람이라는 것은 몰라도 내가 그들을 좋아하고 아낀다는 점은 알고 있다. 나의 사랑은 짝사랑이 아닌 것이다. "멋진 사랑은 상호의존적"이라는 말이 나는 정말 마음에 든다.

앞서 언급한 번즈 박사의 연구 결과가 개가 정말 사람을 사랑하는지는 아직 정확히 증명된 건 아니다. 조금 슬픈 이야기이지만 주인의 냄새로 활성화되는 보상중추는 핫도그 냄새에도 똑같이 활성화되었다.

연구 결과는 해석하기 나름이지만 부정적 해석을 더한다면 핫도그 내지는 먹을 것을 주는 주인이기 때문에 주인을 보면 보상중추가 활성화된다는 해석도 가능하다. 주인과 핫도그에 같은 반응을 보였다고 해서 개의 뇌에 사회적 인지 능력을 증명해냈다는 점이 바뀌진 않는다. 개들은 끊임없이 같이 사는 인간을 관찰하고 엿보며, 사람이 내보내는 다양한 신호로부터 일관된 무언가를 끌어내 해석 방식을 구축한다.

그러나 아무리 영리한 개들이라도 걸음마를 뗀 아기 이상의 지능을 기대할 수는 없다. 자기를 버리고 떠나도 그 자리를 지키며 주인을 기다리거나 학대를 일삼는 주인에게도 호의를 가지고 꼬

/ 즐거운 식사 시간 /

세로토와 도파, 니카, 며칠 지내러 온 가바가 다 함께 밥을 먹고 있다.
행복하고 평화로운 이 장면을 보다 보면 개들이 나를 좋아할지,
밥을 더 좋아할지 궁금해질 때가 있다.

리를 흔드는 개들의 모습이 증거다. 아기들이 필요할 때 엄마가 달려오지 않으면 그냥 계속 울지 지금 잠깐 자리를 비웠다고 생각하진 못한다. 아기들이 부모의 보호 없이 살아갈 수 없듯이 개 역시 인간의 보호가 필요하다.

나를 이해하고 공감해주려고 늘 애쓰는 개들에게 내가 좋은 보호자가 되어야 할 충분한 이유다. 그래서 나는 믿기로 했다. 도파가 먹을 것보다는 나를 더 사랑하고, 단지 내 손에 먹을 게 있으면 더 기뻐할 뿐이라고 말이다.

CHAPTER 05

외로운 사회 —
우리 모두는 포유류

5장에서는 천만 반려인의 시대가 부른 우리 사회의 명암을 조명해보고 반려인이 지켜야 할 펫티켓과 반려견 산업의 문제점을 짚어본다. 특히 강아지 공장과 펫샵이 어린 강아지들에게 어떤 문제를 만들어내는지 정신과 의사의 입장에서 진단한다. 그리고 반려견을 키우는 집이라면 한번쯤은 겪어야 할 반려견과의 이별, 그로 인한 펫로스 증후군에 대해서도 조언한다.

2017년 1월 1일 아침,

도파, 니카 그리고 새로토와 함께

새해 첫날에는 늘 집에서 가족 사진을 찍는다.
당연히 3마리 반려견도 가족이다.
내가 가치를 두는 것은
내 주변에 나를 지지하고 사랑해주는 이가 있고
나 역시 상대에게 그것을 표현하고 전달함으로써
그 관계를 돈독히 해나가는 일이다.
도파는 가족을 제외하고 처음으로
내가 그런 관계 맺기에 성공한 다른 동물이다.
개를 키우게 된 계기가 무엇이든
지금은 반려견을 키우면서 느낄 수 있는
다양한 기쁨을 듬뿍 누리는 중이다.

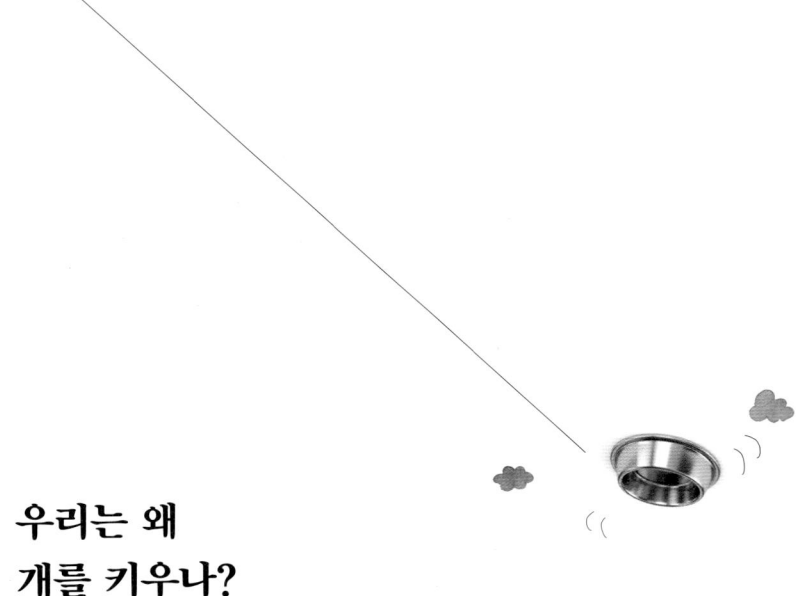

우리는 왜
개를 키우나?

도파가 있어 짜증이 풀리고, 이유 없이 웃게 되며, 커버린 아이들을 대신해 체온을 나누고 실없는 농담을 늘어놓게 된다.

하도 여기저기서 많이 들어 누가 처음 한 말인지는 잘 모르겠다. 아이들은 6살 때까지 평생 효도를 다하고, 부모는 그때까지 받은 즐거움의 대가를 남은 평생 내내 치러야 한다는 이야기 말이다. 우리 집에는 이미 20대 중반이 된 딸과 아들이 있다. 6살보다는 좀 더 오래 효도를 해줬고 덕분에 기약 없는 뒷바라지를 현재

하는 중이다. 자라나는 아이들이 부모에게 가장 사랑스러운 시기는 언제일까? 자식은 아무리 커도 부모 눈에는 여전히 어린아이일 뿐이라며 구순 어머니 잔칫날 색동 저고리를 입고 춤을 추는 일흔 할아버지도 있다지만 글쎄올시다.

아이들이 체구가 커지고 성인이 되어 갈수록 믿음직한 면이 더해질 수는 있어도 귀엽고 더 사랑스러워지지는 않는다. 어린 아기들의 몸에 비해 크고 귀여운 얼굴은 부모 노릇 잘하기 본능을 유발하기 위한 유전자의 지능적인 산물이다. 그래서 부모들은 자라는 아이들을 대견해하면서도 한편으로는 얼굴, 몸짓 그 어느 구석에서라도 갓난아기적 모습을 찾으려 애쓰곤 한다.

돌쟁이,
도파의 무게

아빠 무릎에 앉아 놀던 우리 딸이 더 이상 꼬마가 아니라는 것을 나는 내 다리가 저려와서야 받아들이게 되었다. 3~6세 사이 어린 아이들이 보이는 대표적인 예쁜 짓이 있다. 엄마, 아빠를 부르며 달려와 부모 품에 착 안기는 행동이다. 초등학교를 들어가고 그 시기가 지나면 이런 행동은 점점 줄어들다가 어느 순간부터는 불러도 안 오기 시작한다. 다 큰 녀석이 이런 행동을 하면 오히려 부모는 당황스럽다. 학교에서 사고를 쳤는지, 용돈이 더 필요한지 등의 의심이 들기도 한다.

우리 집 개 이야기로 돌아가보자. 내가 아는 정상적인 개는 약간의 정도 차이는 있겠지만 주인을 보면 광속으로 달려와 꼬리를 치고 몸을 뒤집는 등 온몸으로 즐거움을 표현한다. 손이라도 내주면 펄쩍 뛰어 올라 안기기도 한다. 심하게 흥분하면 오줌을 흩뿌리는 녀석도 봤다. 개를 좋아하는 사람들은 이런 맛에 개를 키운다고 하고, 고양이를 키우는 사람들은 이런 야단법석이 싫어서 고양이를 키운다고 말한다.

나는 도파를 아기처럼 안는 것을 좋아하는데 버둥거리는 니카와 달리 도파는 얌전히 안겨 있는 편이다. 그런 도파는 내가 돌잡이 때 우리 아이들을 안으면서 가장 행복했던 기억 속 딱 그 무게, 약 10kg이다.

언제부터인가 애완견 대신에 반려견이라는 말을 더 많이 쓰게 되었다. 애완愛玩은 '좋아하여 가까이 두고 귀여워함'을 뜻하고, 반려伴侶는 '짝이 되는 동무'를 뜻한다. 인간과 동물의 오랜 관계를 놓고 보자면 애완이라는 말이 더 적합한 것 같지만 완구에 쓰이는 '완'이라는 글자의 뉘앙스가 문제다. 동물은 장난감이 아니라 같이 사는 동반자이기 때문이다.

사실 사람 주변에는 다양한 종류의 다른 동물이 존재한다. 지금 우리 집 창 밖에도 날아다니고 있고 동물원에도 있고 농장에도 있고 실험실에도 있다. 그냥 자연에서 알아서 사는 동물, 인간을 위해 일하는 동물, 목적에 맞게 키워지는 동물 등 수많은 동물 분류군 중에 반려동물은 과연 어디에 속하는 것일까?

역사학자인 키스 토머스Keith Thomas는 그 당시 영국의 애완동물에 대해 이름이 있고, 집 안으로 들어오고, 절대 잡아먹지 않는 동물이라고 정의한 바 있다. 부르려면 이름이 필요하고(어딘가에는 이름이 '개'인 개도 있다), 인간의 주거 공간(집안이든 마당이든)에 사는 것도 맞고, 세 번째가 좀 찜찜하긴 하지만 얼추 요즘 상황에도 적절한 정의다(식용견과 애완견은 다르다는 주장에 나는 동의할 수 없다).

지금 같은 형태는 아니지만 사람들은 오랫동안 반려동물을 길렀다. 심지어 반려동물은 가축이 없던 수렵채집 시절에도 있었다고 한다.

지금과 유사한 형태의 반려동물은 약 1만 5천년 전 사냥파트너가 된 개다. 당연히 반려보다는 노동의 목적이 더 컸다.

고대 문명시대 이후에나 노동을 하지 않는 개들이 일부 등장한다. 오로지 반려의 목적만으로 밥값을 하지 않는 동물을 키운다는 것은 사치스러운 일이었을 테니 초기 반려동물의 보호자들은 부유한 상류층일 수밖에 없다. 견종을 소개할 때 '어느 왕실에서 키우던' 같은 설명이 자주 등장하는 이유이다.

지금은 귀족이나 재벌이 아니어도 반려견을 키울 수 있다. 하지만 여전히 비용과 시간, 에너지가 많이 들어가는 일이다.

더 이상
크지 않는 아기

물론 모든 사람들이 반려동물을 좋아하는 것은 아니다. 반려동물을 키우는 것이 소모적이고 비이성적이라는 학자들도 많았다. 개를 예뻐할 시간과 돈이 있으면 아프리카에서 굶어 죽는 어린이를 도우라고 비아냥대는 사람도 있다. 길냥이들과 그들을 돌보는 캣맘들이 심심치 않게 겪는 봉변만 봐도 우리 주변에 반려동물에 대한 혐오감을 넘어 적대감을 가진 이들도 있다는 걸 알 수 있다. 그런 사람들의 행동은 비난받아 마땅하다. 하지만 반려동물을 좋아하지 않는다는 게 비난받을 일은 아니다.

1970년대만 하더라도 반려동물을 기르는 사람들은 심리적으로 건강하지 못하고, 애정결핍이 있으며, 다른 사람들과의 관계 맺기를 어려워한다는 연구가 대세였다. 당시 동물행동학자들 중에는 애완동물은 정상적인 사회생활을 방해하고 인간 대체물인 동물과 인위적인 관계를 맺게 유도하는 '사회적 기생충'이라고 부르는 이까지 있었다.

지금도 지나치게 반려동물에 애착을 가지는 사람들 중에 분명히 심리적으로 불안하거나 다른 사람과의 관계 맺기를 어려워하는 경우가 있다. 그러나 그건 반려동물 때문에 그렇게 된 것이 아니고 반려동물이 아니면 위로를 받을 수 없어서라고 보는 게 맞다. 사람들이 반려견을 키우는 이유는 단어 자체에 바로 답이 있다. 우리는 '짝이 되어 주는 친구'가 필요해서 반려동물을 키운다.

우리는 이 친구와 친밀한 관계를 맺음으로써 감정적·심리적·육체적 이득을 얻을 수 있다. 인간은 이런 관계를 배우자, 가족, 친구와 맺는데 서로 상호적이라는 특징이 있다. 인간을 제외한다면 반려견은 이런 상호적인 관계 맺기가 가능한 가장 이상적인 짝이다. 불러야 할 이름이 있다는 건 바로 관계 맺기의 첫 단계다. 우리는 반려견의 이름을 부르면 개가 나를 바라보고 다가와주길 기대하고, 개는 다가갔을 때 자기를 안거나 쓰다듬어줄 주인의 손길이 필요하다.

반려견이 없어서 인생이 헛헛하거나 외롭다는 생각은 한번도 해본 적이 없다. 아내처럼 어렸을 때부터 개와 사는 생활이 익숙한 것도 아니다. 아이들처럼 강아지를 보고 무조건 귀엽다는 생각이 들지도 않는다. '짝이 되는 동무'는 아내로도 충분하고, 다방면에 넓은 인맥을 자랑하기보다 소수의 친구와 오랜 관계 맺기를 더 중요하게 생각한다.

그런 내가 왜 반려견을 키우는 걸까? 도파나 니카가 있기 전이라면 내 대답은 간단했다. 가족들이 원해서다. 하지만 지금은 내 안에 내가 모르는 다른 감성이 작동한 게 아닌가 싶다. 나는 책임감이 강한 사람이고 가정적인 사람임에 큰 자부심을 갖고 살아왔다. 주말에 좀 뒹굴거려서 그렇지 가족들을 두고 잔디밭으로 낚시

터로 놀러 다녀본 기억은 없다. 혼자 즐기는 딴 짓이라고 해봐야 작업실에서 음악 만들기 정도라 오히려 아내가 불만이 많다. 은퇴도 안 했는데 하루 두 끼를 집에서 먹으면 어쩌자는 거냐고 말이다.

내가 가치를 두는 것은 내 주변에 나를 지지하고 사랑해주는 누군가를 만들고 나 역시 상대에게 그것을 표현하고 전달함으로써 그 관계를 돈독히 해나가는 일이다. 도파는 가족을 제외하고 처음으로 내가 그런 관계 맺기에 성공한 다른 동물이다. 그래서 나의 인생에서 첫 번째 개인 마당개 메리와 현재의 도파를 키우는 이유는 너무나 다르다. 그것은 메리의 잘못이 아니고, 메리의 신호를 무시한 나의 잘못이다.

개를 키우게 된 계기가 무엇이든 지금은 반려견을 키우면서 느낄 수 있는 다양한 기쁨을 듬뿍 누리는 중이다. 도파가 있어 짜증이 풀리고, 이유 없이 웃게 되며, 커버린 아이들을 대신해 체온을 나누고 실없는 농담을 늘어놓게 된다. 감정적·심리적·육체적 이득이 쏠쏠하다.

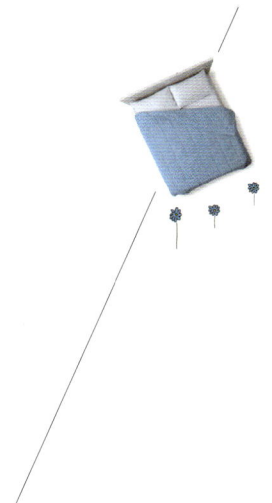

도파와 니카는 달랐다
- 학대와 트라우마

도파는 딸과 함께 살 수 있으니 상처가 있다면 그걸로 치유가 되길 바랄 뿐이다. 정말로 세상에 나쁜 개는 없다. 도움을 필요로 하는 아픈 개가 있을 뿐이다.

도파의 5마리 아기 출산 후 니카(넷째 아기)가 생후 두 달이 되기 전에 우리 가족에게는 걱정거리가 생겼다. 강아지 5마리 중 우리가 키우기로 결정한 건 가바(첫째)와 니카였는데 문제는 니카 몸집이 너무 크다는 거였다. 모견 도파나 부견 해탈이도 베들링턴 테리어의 표준 몸무게 중 평균 이하에 속하는데 니카는 발육이 심하게 남달랐다. 집에 데려왔을 때 생후 8주였던 도파는 길이가 내 손바닥의 1.2배에 무게는 2kg이 채 안 됐는데, 이제 6주가 갓 지난 니카는 이미 3.5kg에 육박하고 있는 데다가 육각형 울타리를 머리로 밀고 다니는 괴력까지 선보였다.

니카가 소녀장사라는 것이 문제가 아니라 이러다 시베리안 허스키만한 수퍼 베들링턴 테리어를 키우게 되는 건 아닌지 그게 걱정이었다. 형제들과 엄마 젖을 나눠먹고 있으니 과식은 불가능하고, 도파가 먹었던 강아지용 한약도 먹인 적 없으니 영양과잉도 아니고, 운동량 역시 초원의 아기 사자들만큼이나 종일 몸싸움이니 부족할 리 없다.

강아지 공장의
불편한 진실

결론부터 말하자면 니카는 지극히 정상적으로 잘 커서 10kg 표준 체중의 베들링턴 테리어 성견이 되었다. 활달한 성격과 뛰어난 운동신경, 무엇보다 사람에 대한 무한한 신뢰와 애정공세로 처음 만난 사람들조차 미소를 짓게 만드는 매력이 철철 넘치는 개로 성장했다. 낯선 외모와 작지 않은 크기에도 불구하고 말이다.

그렇다! 문제는 니카가 아니라 도파였다. 생후 10주를 기준으로 도파와 니카의 발육상태와 운동능력을 비교해보면 차이가 확연했다. 도파는 유기견 출신 강아지도 아니고 전문 분양샵에서 데려온 강아지다. 그 분양샵은 선별된 혈통견만을 취급하며 한약을 먹여 강아지 건강을 관리한다는 곳이다. 도파에게 도대체 무슨 일이 있었던 걸까?

나는 한국애견협회KKC에 등록된 어엿한 견사호 'of Yoo house'의 수장(?)임에도 불구하고 우리 집 개 말고는 아는 게 없다. 반려견이라는 용어가 애완견을 대체하고 대규모 애견박람회는 흥행이 보장되며 대기업까지 뛰어든 애견사업은 날로 그 영역과 규모가 커지는 반려견 인구 천만 시대를 맞았고, 어느새 나도 거기에 속해 있다. 천만 반려인의 한 사람으로서 어쩔 수 없이 그쪽 이야기에 귀가 쫑긋해지게 된다.

일요일 아침이면 가족 모두가 동물과 관련된 프로그램을 다 같이 시청하고, 뉴스에도 개가 등장하면 관심있게 보게 된다. 책을 좋아하는 우리 집에 이런저런 관련 서적이 쌓이는가 싶더니 급기야 『우리 개가 좋아하는 수제 간식 만들기』라는 책까지 보인다. 우리 딸이 샀단다. 그런 우리 가족 모두를 우울하게 만드는 이슈가 있다.

반려견과 관련된 논쟁거리 중 고전적인 이슈가 '보신탕'이었다면 최근의 논란은 폭증하는 유기견과 '강아지 공장' 문제다. 오로지 강아지에 대한 애정으로 반려견을 키우고자 했을 뿐인 대다수

선의의 견주들을 공범자(수요자라는 점에서)로 만들어버리는 이 불편한 진실은 너무나 역겹고 잔인해서 슬프고 화가 난다.

비록 강아지 공장에서 생산되어 경매장을 거쳐 애견샵에 진열되었지만 우리 집에 오게 되었으니 얼마나 다행이냐며 곁에 있는 반려견을 한번 더 쓰다듬어 주는 것으로 우리는 불편한 마음을 떨쳐버린다. 하지만 과연 그것으로 우리 개들은 해피엔딩을 맞은 것이라고 할 수 있을까?

정신의학적 치료를 필요로 하는 소아청소년환자들의 치료 첫 단추는 많은 경우 유아기에 겪은 스트레스에 대한 추적이다. 유아기에 겪은 지속적인 스트레스는 뇌의 구조와 화학반응에 영구적 손상으로 남아 문제행동의 원인이 된다는 것은 이미 많은 연구에서 입증된 사실이다. 소아 우울증이나 주의력결핍 과잉행동장애 같은 질환의 기저에 트라우마 이력이 숨어있지 않은지 점검을 해봐야 하는 이유이다.

아이들에게 회복 불가능한 손상을 입히는 가장 큰 원인은 학대와 방임이다. 부모나 형제자매의 죽음, 지속적인 신체 학대와 방임, 성적 학대, 가정 내 또는 기타 범죄로 인한 폭력 등등 열거하다 보니 이 나이가 먹도록 무탈하게 살아온 것이 다행이다 싶을 정도로 다양하다. 이런 경험들은 성인에 비해 아동들에게 훨씬 더 치명적인 결과를 초래해서 성격, 신체기능, 감성발달 등 성인이 되어가는 과정 전반에 영향을 끼치게 된다.

강아지들의
예민 시기

 어떤 아기가 생후 5개월에 누군가에게 납치되어 엄마와 떨어져 낯선 곳에서 겨우 목숨을 유지할 정도의 음식만 공급받았다. 자신을 안아주거나 말을 걸어주는 사람도 없이 걸음마를 배울 공간조차 없는 곳에서 1년간 갇혀 지내다가 구출되었다면, 아마 온 사회가 엄청난 충격에 휩싸일 것이다. 그 아이가 정서적·신체적 학대와 방임으로 인해 겪어야 했을 두려움과 외로움을 이겨내고 심신이 건강한 성인으로 자라나기 위해서는 많은 사랑과 지지, 격려와 함께 경우에 따라서는 적절한 치료와 훈련, 인내와 기다림이 필요하다.

 하지만 안타깝게도 후유증이 남게 될 가능성이 매우 높다. 유아기 특정시기에 적절한 언어자극이나 신체자극을 받지 못하면 발달에 장애가 생기고, 그 시기가 지난 후에는 적절한 자극을 주어도 잘 회복되지 않는다. 이 시기를 결정적 시기critical period라고 한다. 강아지들의 예민 시기sensitive time에 해당된다.

 우리 주변 대부분의 강아지들은 예민 시기에 비정상적인 유아기를 보낸 아픈 아기들은 아닐까 의심이 든다. 전문가들은 강아지의 적절한 분양 시기를 생후 8~10주라고 본다. 사람에 따라 3개월을 권하기도 한다. 여기서의 8~10주는 강아지가 어미견과 형제견

사이에서 함께 보낸 시기를 말한다. 전문 브리더가 아니면 분양을 할 수 없고, 개를 키우려면 등록을 하고 세금도 내야 하는(독일의 니더작센주는 자격증을 따야 한다) 등 관련법이 엄격한 반려 선진국에서는 당연히 지켜지는 일이다.

우리나라도 8주 이상의 강아지들만 분양하도록 권장한다. 2개월 이상의 강아지만 정직하게 분양한다며 광고까지 내건 애견샵도 있다. 그 애견샵의 8주가 된 강아지들은 사람의 나이로 치면 한 살이지만 어제까지 엄마 젖을 먹고 지냈을 가능성은 그야말로 희박하다.

모두 그렇지는 않다고 믿고 싶지만 강아지 공장의 번식견인 모견은 반복되는 출산으로 건강상태가 나빠 모유의 질이 떨어지고 주변환경까지 열악하다 보니 강아지들의 영양상태 역시 나쁠 가능성이 높다. 그나마도 대략 한 달 정도면 모견과 떨어진다. 그리고 경매장을 거쳐 애견샵의 좁고 지나치게 환한 조명의 유리 진열장 안으로 들어오게 된다. 대부분 밤늦게까지 사람이 많이 오가는 도로변이거나 대형마트 같은 곳이라 어린 강아지에게 폭력적인 환경이다.

다른 강아지들과 어울리거나 주변을 탐색하는 일 같은 건 불가능하다. 면역력이 약하니 누가 만지는 것도 위험해서 엄마 품을 대신할 따뜻한 접촉 같은 건 없다. 작은 강아지일수록 인기가 많으니 가급적 작은 체구를 유지하도록 딱 필요한 만큼만 먹이게 된다. 애견샵에서 분양받은 강아지들이 폐사하는 문제는 어쩌다 운이 나빠 생긴 일이 아닌 것이다.

<u>아프거나</u>
<u>슬프거나</u>

7주차였던 니카 이야기로 다시 돌아가보자. 엄마 젖을 시도 때도 없이 배가 터지도록 먹으며 형제견들과 물고 뜯고 엎치락 뒤치락하며 씨름으로 하루를 보낸다. 먹는 만큼 싼다고 배설물의 양과 빈도도 만만치 않아 도대체 애견샵에서는 그 많은 강아지들의 배설물을 어떻게 표 안 나게 치우는 건지 궁금하다. 어쨌든 잘 먹고 잘 싸고 잘 노는 녀석은 딱 봐도 참 건강하다. 10주차가 되면 나가서 집도 지킬 기세다. 니카뿐만 아니라 니카의 형제자매가 모두 그렇다. 그에 비해 강아지 시절 도파는 너무 작고 가벼워서 솜이 성글게 들어있는 봉제인형 같았고, 움직임도 얌전했고, 심지어 한 살이 되기 전에는 잘 짖지도 않아서 혹시 벙어리인가 의심을 했었다.

글을 쓰면서 어린 시절 도파의 불쌍한 눈이 떠올라 마음이 아프다. 도파는 특별히 학대를 받았다기보다는 충분한 돌봄을 받지 못했을 것이다. 그렇다고 이왕이면 어리고 작은 체구의 강아지들

/ 니카의 돌잔치 날 /

생일 파티 모자를 쓴 엄마 도파와 딸 니카의 모습이다.
생후 8~10주를 어미견과 형제견 사이에서 함께 시간을 보낸 니카는
자존감이 높은, 건강한 성견으로 자라 첫 돌을 맞이했다.

이 더 선호되는 분양시장의 논리를 애견샵에서 애써 무시했을 것 같지도 않다. 그 애견샵의 대부분의 강아지들은 아주 작아서 한없이 귀여웠고, 배변패드는 작은 오줌 얼룩 정도만 있어서 똥 냄새로 코를 막을 일 같은 건 없었을 것이다. 당연히 시도 때도 없이 배불리 빨 젖병 따위가 있을 리 만무하다. 겨우 생후 7주에 덩치가 3.6kg인 니카가 만약 그 곳에 있었다면 인기가 없어 아무도 안 데려갔을지도 모른다.

정신과 의사로서 보는 애견분양산업의 가장 심각한 부작용은 분명하다. 우리가 함께 살아야 할 반려견들의 대부분을 정상적이고 건강한 유아기를 보내지 못한 강아지들로 만들어 버린다는 점

이다. 요즘 반려견들의 문제행동을 소개하고 이를 해결하는 TV 프로그램을 자주 보게 된다. 기겁을 할 만큼 엽기적인 강아지들이 종종 등장하긴 하지만 이 강아지들의 행복하지 못한 출발을 떠올려보면 그저 미안하고 안쓰러울 뿐이다.

직업이 정신과 의사이다 보니 문제를 접근하는 방식이나 해결책에 고개를 끄덕이는 경우도 갸우뚱할 때도 있다. 하지만 한 가지는 전적으로 동의하게 된다. 모든 문제행동에는 원인과 이유가 있다는 점이다. 앞서 이야기한 것을 다시 상기시켜보자면 정서적·신체적 학대와 방임으로 인해 겪어야 했을 두려움과 외로움을 잘 이겨내고 몸과 마음이 건강한 성견으로 자라나기 위해 많은 사랑과 지지, 격려는 물론 경우에 따라서는 적절한 치료와 훈련, 무엇보다 인내와 기다림이 필요하다.

도파는 가족의 사랑을 듬뿍 받고 건강한 성견으로 자라났고 심각한 문제행동을 보인 적은 없지만 분명히 니카와는 구분되는 면들이 있다. 우선 니카가 아무 고민 없이 훌쩍 뛰어오르는 의자에 도파는 올라오지 못한다. 차를 타고 어딘가를 이동해야 하면 도파가 너무나 불안해서 운전석 등 뒤를 파고드는 통에 결국 이동용 케이지를 사야만 했다. 이사를 위해 잠시 처제 집에 맡겼던 3마리 강아지 중 유일하게 하루 만에 먼저 데려온 것도 바로 도파였다. 집에서는 잘 짖지도 않던 녀석이 심하게 짖어대고 불안해했기 때문이다.

그것은 바로 도파의 분리불안이었다. 샘도 많고, 식탐도 심하고, 더 예민하고 의존적이다. 그래서 불쌍하고 미안하면서도 기특하고 대견하다. 도파는 비록 엄마나 형제견들과 지낼 수는 없었지만 딸과 함께 살 수 있으니 혹시 상처가 있다면 그걸로 치유가 되길 바랄 뿐이다.

정말로 세상에 나쁜 개는 없다. 도움을 필요로 하는 아픈 개가 있을 뿐이다.

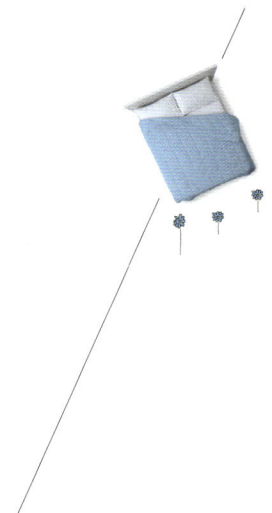

개를
무서워하는 사람

우리 주변의 개들에게 가장 두려운 대상은 다른 개가 아니라 사람이다. 사람에게 겁을 먹은 기억이 없는 개들은 사람에게 겁을 주지 않는다. 우리 개들이 그렇다.

　어린 시절 개에 대한 좋은 기억이 별로 없다. 학교 끝나고 집으로 돌아가는 골목길, 주택가 담장 너머나 대문 뒤에는 사납게 짖어대는 개들이 있었다. 소리만으로도 충분히 무서운데 문틈 사이로 얼핏 눈이라도 마주치면 절로 작은 몸이 움츠려진다. 그 중에는 기어이 장독대나 담장 위까지 올라와 내가 사라질 때까지 짖어

CHAPTER 05 **외로운 사회 - 우리 모두는 포유류** **227**

대는 놈들도 있었다.

가끔은 거리를 배회하던 개들과도 마주쳤다. 물론 그 개들이 내게 반갑게 꼬리칠 리 없다. 이럴 때는 눈을 마주치지 않는 것이 상책이다. 무섭다고 뛰거나 소리를 지르면 안 된다는 것쯤은 어른들에게 들어서 익히 안다. 으르렁거리며 이빨을 드러내도 내가 무사히 지나갈 수만 있다면 다행이었다.

나로서는 개를 피한다고 피했는데 기어이 개에게 정강이를 물렸다. 초등학교 5학년 때다. 너무 놀랐었는지 아팠던 기억은 없는데 나를 문 개의 눈빛은 잊혀지지 않는다. 지독히 무섭고 공포스러웠다. 시간이 지나며 두려움은 줄어들었지만 그 후 오랜 기간 개가 싫었다.

개공포증에
대해

진료실에서 종종 개에게 물린 경험을 가진 환자를 만난다. 특정 공포증(고소공포나 폐소공포 등) 중 하나인 개공포증으로 이어지는 경우도 있지만 대부분은 개가 가까이 다가오면 불안한 정도다. 개의 크기나 종류는 상관 없다. 주인에게는 눈에 넣어도 안 아플 작고 귀여운 강아지지만, 물린 경험이 있는 이들에게는 이빨 달린 무는 동물일 뿐이다.

그런데 사정 모르는 이들은 겨우 요만한 강아지에 유난 떠는 이상한 사람 취급을 한다. 환자들은 개 때문에 불편한 것보다 자신을 어이없어하는 주변의 시선이 더 죽을 맛이란다.

좀 더 심각한 경우도 있다. 어느 날 개에 대한 심한 공포감으로 힘들어하는 30대 여성 환자가 찾아왔다. 집으로 돌아가던 길에 이웃집 개에게 팔을 물려 신경과 근육 손상이 심각했다. 팔의 상처는 나았지만 귀가할 때마다 그 개가 있는 집 앞을 지나야 하니 그때 받은 고통을 매일 되새김질하는 꼴이었다. 개는 도사견이었고 주인의 관리 부실이 문제였다. 사건 처리 과정이 여의치 않아 법적 분쟁으로까지 이어졌는데, 이 과정에서 겪은 개 주인의 적반하장식 태도는 그녀의 병증을 더 악화시켰다. 특정 공포증(개공포증)에 외상후스트레스장애PTSD까지 진단이 더해졌다. 수개월의 치료로 개에 대한 공포가 많이 누그러진 그녀는 더 이상 병원을 안 와도 되지만 앞으로도 개를 싫어하는 사람으로 살게 될 수 있다.

꼭 개에게 물려야만 공포증이 생기는 건 아니다. 간접적인 경험만으로도 '개공포증' 때문에 힘들어 하는 사람도 있다. 어떤 경우든 정도의 차이는 있지만 개에 대해 공포를 느낀다는 점은 같다. 머릿속이 하얘지고, 근육이 굳고, 심장이 튀어 나올 것처럼 뛰고, 발이 땅에서 떨어지지 않는다. 심한 경우 기절을 하기도 하고, 나도 모르게 울면서 살려달라며 빌고 있더라는 사례도 있다. 그래서 그들은 정말 필사적으로 개를 피한다.

사례들은 넘쳐난다. 어디든 방문하기 전에 개가 있는지 확인을 먼저 하고, 멀리서 개가 보이면 아무리 바빠도 돌아간다. 개를 피해 차가 달리는 도로로 뛰어들기도 하고, 모르는 집 문을 열고 다짜고짜 들어간다. 눈썹 문신을 하러 갔다가 시술 중에 뛰쳐 나오고, 공중 화장실에서 한 시간씩 버티기도 한다. 당사자들은 입을 모아 말한다. 정말이지 생명의 위험을 느낀다고 말이다.

덩치 크고 사나운 개를 보고 무서워하는 걸 병이라고 하지 않는다. 무서워할 필요가 없는 개도 무서우니 병이다. 일상생활에 지장을 주는 다른 공포증에 비해 개공포증은 개만 피하면 다른 불편은 없다. 그래서 병원을 찾기보다는 개를 피하는 쪽으로 해결을 하려 든다. 털어놓지 않으면 주변 사람에게는 그냥 '개를 싫어하는 사람' 정도로 알려질 뿐이다.

반려인의 의무인
펫티켓

문제는 개를 잘 피해가며 살기에는 주변에 개가 너무 많아졌다는 것이다. 아파트 엘리베이터 안에서, 물건 사러 들어간 가게에서, 공원에서, 노천 카페에서 불쑥 불쑥 예고도 없이 개와 마주치게 된다. 반려견을 키우는 사람이 이미 천만을 넘어선 우리나라다. 늘어난 개만큼 반려견 안전 사고가 늘다 보니 각성을 촉구하는 목소리가 나온다. 공공장소에 목줄이나 가슴줄을 착용하라, 배변봉투를 지참하라, 큰 개는 입마개를 채워라 등의 경고문을 자주 보게 된다. 위반시 벌금도 내야 한다. 이른바 펫티켓이다.

식당에서 뛰어 다니는 아이들을 보며 눈살을 찌푸리는 사람도 자기 집 개에게는 관대한 사람이 의외로 많다. 작으니까, 순하니까, 사람을 안 무니까 우리 개는 괜찮다고 생각한다. 공포증이 있는 사람을 제일 힘들게 하는 것은 이런 작고 귀여운 개를 키우는 보호자의 무신경이다.

개가 3마리나 있는 우리 집은 더 조심할 일이 많다. 한꺼번에 데리고 나가려다 보니 엘리베이터를 탈 때 안에 누가 있으면 먼저 가시라고 한다. 아무리 줄을 짧게 잡아도 의도치 않은 접촉이 생길 수 있기 때문이다. 워낙 낯가림이 없어서 상대가 조금만 틈을 줘도 발부터 올리고 보는 녀석들이다. 엘리베이터가 내려가는 동안에는 제발 도중에 타는 사람이 없기를 바란다. 그래도 중간에 서게 되면 최대한 줄을 바짝 당기고 구석에 붙어 문이 다 열리기도 전에 양해를 구한다. 이 광경을 보면 보통은 웃어주긴 하지만 어지간히 개에 익숙한 사람이 아니면 다음 엘리베이터를 기다리는 편을 택한다.

공원까지 가는 길에 하필 초등학교가 있다. 가급적 하교 시간은 피하지만 다짜고짜 개를 귀엽다고 만지려 드는 아이들은 꼭 있게 마련이다. 여러 가지 방법을 써 봤지만 지금은 그냥 "만지면 안 된다"고 단호하게 말한다. 무서운 아저씨라고 생각하겠지만 그게 최선이다.

마주 오는 사람들에게 불편을 주지 않으면서 3마리 개와 산책할 만큼 넓은 길을 찾지 못해 주로 공원으로 간다. 넓은 잔디밭이 있는 그 공원은 반려견들이 많을 때는 30마리까지도 모이는 곳이다. 워낙 넓은데 인적은 드물다 보니 목줄을 잠시 풀어주고 반려견을 뛰어놀게 하는 사람들이 있다. 모처럼 줄에서 풀려난 개들은 펄럭거리는 귀로 바람을 가르며 자기 능력껏 최고의 스피드로 뛰어논다. 다른 개들 머리 위로 점프를 하기도 하고, 급회전을 자유자재로 선보이며 새도 쫓고 친구들 꼬리도 쫓는다. 집에서는 할 수 없는 일들이다. 개를 사랑하는 사람 입장에서 보면 행복한 광경이다.

우리 개가 저렇게 빨리 뛸 수 있음이 놀랍기도 하고 개에게 미안해지기도 한다. 지금은 절대 안 그러지만 실은 우리 집 식구도 몇 번 동참했었다. 도파도 니카도 이럴 때 아니면 언제 맘껏 뛰어보겠나 싶은 마음에 그랬다. 나쁜 짓도 같이 하면 낫다고 너도 나도 그러다 보니 점점 목줄을 매고 있는 개보다 뛰어다니는 개가 더 많아졌다. 결국 커다란 현수막이 내걸렸다. '목줄과 가슴줄 반드시 착용, 위반시 벌금. 민원이 많이 들어옴' 같은 내용이었다. 거기 모인 사람들에겐 행복한 그 광경이 어떤 사람에게는 혼비백산해서 발길을 돌릴 만큼 무서운 장면이었던 게다.

개공포증으로 힘들어하는 사람은 말한다. 당신의 개가 나에게는 흉기라고 말이다. 칼이 공포스러운 것은 칼 때문이 아니라 칼을 든 사람 때문이다. 언제나 문제는 늘 사람이다.

개가 좋아진 사람

어린 시절 다가오는 개를 쫓으려고 돌을 던진 기억이 난다. 나를 잡아먹으려고 따라 온 것도 아닐 텐데 짖지도, 달려 들지도 않고 그냥 졸졸 따라오는 개를 매몰차게 대했다. 지금도 가끔 개들에게 섭섭하게 굴 때가 있다. 자꾸 기어오르는 도파를 귀찮다며 침대 밑으로 밀기도 하고, 짖을 때 조용히 하라고 소리도 질렀다. 그래도 아직까지 화를 내거나 삐지는 건 보지 못했다. 이미 나와 신뢰가 쌓인 우리 개들은 내가 좀 밀었다고 해서 쉽게 상처받지 않는다. 도파나 세로토보다 니카가 더 뒤끝이 없다.

사람도 마찬가지다. 자존감이 높은 사람은 남에게 쉽게 휘둘리지 않는다. 상대방이 나에 대해 어떻게 생각하느냐에 지나치게 의미 부여를 하지 않는다. 쉽게 상처받지도 않고, 비난에도 유연하게 대처한다. 자존감이 낮을수록 다른 사람들 평가에 신경을 많이 쓴다. 그 사람이 내뱉은 말의 내용을 하나하나 곱씹고 다시 돌이켜 보고 자신에게 상처가 될 이야기만 골라서 마음속에 간직한다. 선택적 집중이 부정적 이미지 속에서 잘못 작동하기 시작한 것이다. 피해의식이 심해지면 불안장애로 이어지기도 한다. 개공포증은 불안장애의 한 유형이다.

어릴 때부터 개공포증에 시달리던 사람이 있다. 그 사람이 개공포증이 사라진 건 해외 근무를 하게 되면서부터였다. 개가 없는 곳에서 근무를 해서가 아니라 너무 많은 개가 사는 곳에서 지냈기 때문이다. 다른 점은 한 가지, 어딜 가든 반려견이 넘쳐나는 그곳 개들은 사람을 보고 짖는 법도 없고 피하거나 눈치를 보는 일도 없었단다. 그저 무심하고 심드렁하게 자기 볼일을 본다는 거다. 쳐다보기는커녕 자기에게 관심도 없어 보이는 개들을 처음에는 무서워 피하기 바빴는데 점차 공포심이 느슨해지는 것을 느꼈다고 한다. 모든 동물에게 너그럽고 호의적인 이 곳 문화가 개든 고양이든 밝고 당당하고 낙천적으로 살 수 있게 만든 것이다.

그 사람은 그렇게 무심한 동물들과 지내다 보니 자기도 모르는 사이 공포증이 진정되었다고 한다. 이것이 바로 정신과 치료에서 하는 일종의 노출훈련이다.

개도 사람이 무섭다

　개들의 문제 행동 중 하나가 지나친 공격성향이다. 학자에 따라 분류 방식이 조금씩 다르지만 광견병 같은 바이러스성 뇌질환의 원인인 공격성을 제외하면 공포성 공격성이든 보호적 공격성이든 근본적인 원인은 '두려움'이다. 두렵고 공포를 느끼는데 개들은 왜 공격을 할까?

　모든 동물에게 공격성은 생존을 위한 본능이다. 즉 살아남고 번식을 하기 위해 필요한 능력인 것이다. 침입자로부터 자신의 영역을 지키고 음식이나 물, 짝짓기 기회 같은 자원을 획득하기 위해 공격성을 이용한다. 생존을 위협받는 것보다 더 두려운 상황은 없다. 공격에는 나를 두렵게 만드는 상대가 존재한다. 상대가 두렵고 무서울 때 당신은 어떻게 행동하는가? 보통 다음의 둘 중 하나다. 'fight or flight'다. 이판사판 싸우거나 도망가야 한다. 개도 마찬가지다. 다리 사이로 꼬리를 감추고 도망을 치거나 배를 보이고 항복을 하지 않으려면 상대를 무는 수밖에 없다.

　자존감이 낮은 사람일수록 분노감, 적대감, 신체적 공격 행동을 더 많이 보인다는 연구 결과는 너무나 많다. 자기 스스로 약하다고 생각하니 같은 상황에서도 더 큰 두려움을 느낀다. 개 역시 두려운 상대가 가까이 다가오면 처음에는 불편함과 두려움을 표시하는 보디랭귀지를 보인다. 개들끼리는 의사소통에 큰 문제가 없다. 둘 중 한 마리라도 사회화가 잘 이루어졌다면 카밍 시그널을 주고받으며 불필요한 충돌을 피해간다.

문제는 이 신호를 알아보지 못하는 사람이다. 일부러든 몰라서든 개들 가까이 다가가는 건 개들에게 위협적인 행동이다. 어딘가에 묶여 있거나 주인의 손에 목줄이 잡힌 개들이라면 도망가고 싶어도 갈 수가 없다. 결국 남은 선택은 한가지다. 상대가 공격하기 전에 먼저 달려들어 물어야 하는 것이다.

불필요한 상황에서도 공격성을 보이는 개들의 특징은 겁이 많다는 것이다. 사람으로 치자면 자존감이 몹시 낮아 이를 감추고자 공격적이고 센 사람이 된 경우다. 의외로 소형견 중에 체구와 안 어울리게 사납고 공격적인 개들이 많다. 잘 짖는 견종 역시 소형견이 많다. 큰 개에 비해 짖어야 할 상황이 너무 많은 것이다.

우리 주변의 개들에게 가장 두려운 대상은 다른 개가 아니라 사람이다. 사람에게 겁을 먹은 기억이 없는 개들은 사람에게 겁을 주지 않는다. 우리 개들이 그렇다.

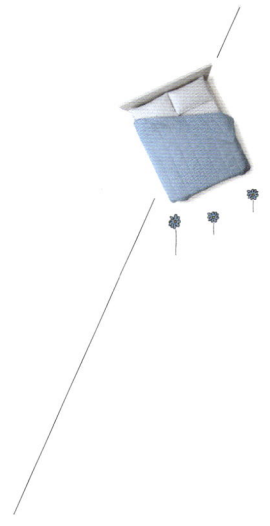

이별과
상실

니카까지 떠나 보낸 그 다음 일은 지금은 생각하지 않겠다. 아직 기운 뻗치는 녀석들과 해지기 전에 산책이라도 가야겠다.

함께 사는 개가 3마리나 되고 보니 빗기고 씻기는 일이 만만치 않다. 그렇다고 번번이 남에게 맡기기에는 비용이 마음 아프다. 그래도 어쩔 수 없이 전문가의 손을 빌려야 하는 경우가 미용이다. 생긴 모습 그대로 얼마나 예쁘냐고 우겨도 봤다. 그저 예쁘자고 하는 미용이 아니란다. 가닥가닥 뭉친 털을 손으로 풀며 진땀을

빼는 아내와 딸이 빗만 집어들면 줄행랑을 치는 대걸레가 된 녀석들을 보면 그냥 내가 열심히 일해야겠다는 생각이 든다.

그래서 정했다. 일단 세로토는 털갈이 시즌에 맞춰 일년에 3번 홀랑 털을 민다. 처음에는 미용사가 손사래를 쳤었다. 포메라니안은 잘못하면 제대로 털이 안 자라 몇 년을 쥐 뜯어 먹은 꼴로 지내야 한다면서 말이다. 아무 문제 없이 세로토는 털만 잘 자란다.

도파와 니카는 '베들이컷'이라고 모양을 잡기가 쉽지 않아서 푸들도 되었다가 인디언도 되었다가 여러 번 시행착오 끝에 마음에 들고 가격도 합리적인 곳을 찾아 석 달에 한번 꼴로 방문한다. 도파의 신랑도, 아들도, 가바도 다 이곳을 이용하는데 가면 늘 베들링턴 테리어들이 북적댄다. 그러다 거기에서 그 베들링턴 테리어를 보게 되었다.

다르게 흐르는
시간

처음에는 백내장으로 탁해진 눈이, 다음으로 윤기 없는 털이 헐겁게 가리고 있는 검버섯 핀 피부가 눈에 들어왔다. 잠자듯 가만히 있는가 했더니 애써 내 쪽으로 고개를 돌리는데 내가 아는 눈동자도 표정도 아니다. 노인의 모습 그 자체다. 13살이란다. 미용이 끝나 화보 속 '베들이'로 돌아온 녀석들을 태우고 돌아오는 내내 그 늙은 개의 모습이 내 머리를 떠나지 않았다. 명을 다해 무지개 다리를 건넌 개를 키워본 적이 없다. 나이 든 개를 가까이서 본 것도 처음이다. 게다가 늙은 베들링턴 테리어는 상상도 못해 봤다.

도파는 이제 6살, 개의 수명이 15년이라고 보면 앞으로 6년 정도면 노견이 된다. 처음 만나 지금까지 얼마나 순식간에 시간이 흘렀나 생각해보면 앞으로도 긴 시간이 아니다. 이거 참 고약하다. 반려동물과 함께 살고 관계를 맺는 데 가장 큰 문제점은 서로 수명이 다르다는 것이다. 죽음을 앞두고 자신의 재산을 개나 고양이에게 물려줬다는 사례를 접하긴 하지만 대부분 슬픔에 빠지는 건 수명이 긴 사람 쪽이다.

하긴 모든 동물은 서로 다른 시간을 가지고 태어난다. 하루살이에게는 24시간이 평생이고, 척추 동물 중 가장 수명이 긴 거북이 중에는 250년을 산 알다브라 코끼리거북이도 있다. 개의 수명은 평균 15년으로 본다. 사람 나이로 90세 정도이니 대략 계산해보면 인간이 개보다 6~7배 오래 사는 셈이다. 그래서 아무리 장수하는 개라 할지라도, 인간은 개의 노화과정을 지켜보게 된다. 백내장, 당뇨, 관절염, 암 등 사람이 나이 먹어가면서 걸리는 거의 모든 질환을 키우는 개를 통해서 먼저 경험하게 된다.

그리고 그 끝에는 죽음이 있다. 이것은 정말로 독특한 경험이다. 경험하는 사람이 어린이인지, 노인인지, 건강한지, 아픈지 등에 따라 그 과정에서 느끼는 경험치가 달라진다. 아이들은 죽음이라는 어려운 개념을 처음으로 접하게 된다. 어른들이 아이들 눈높이에 맞춰 받아들일 수 있는 설명을 해줘야 한다. 예를 들자면 종교나 동화 등을 이용해도 좋다. 외롭고 슬픈 감정을 충분히 표현할 수 있도록 도와줘야 한다. 나이가 든 사람이라면 반려견의 죽음에 이르는 과정에 자신을 대입하게 될 것이다. 심리적으로 건강한 사람이라면 스스로를 성찰하고 주변을 돌아보는 계기가 되기도 한다.

각기 다른 4마리 노견의 죽음을 다룬 다큐멘터리를 봤다. 평생을 직장 일에만 파묻혀 살던 무뚝뚝한 가장이 등장한다. 정년퇴임 후 집에 있는 시간이 많아졌지만 가족들은 너무 바쁘고 곁에 있는 상대는 별로 친하지도 않던 반려견이다. 그리고 그제서야 강아지라고만 여겼던 반려견이 다리도 잘 못쓰고 눈도 잘 안 보이는 늙은 개라는 걸 알게 된다. 아버지는 곧 죽음을 맞을 반려견을 돌보며 가족들에게 마음의 문을 열게 되고, 자신의 인생에 대해서도 돌아보게 된다. 계단을 힘겹게 오르는 늙은 개를 도우며 '나도 젊어서는 산에서 날아다녔는데'라던 그의 담담한 혼잣말이 두고두고 기억에 남는다.

펫로스 신드롬

내 진료실에는 수많은 사람들이 저마다의 사연을 들고 찾아온다. 가족을 떠났거나 혹은 떠나 보냈거나, 결혼에 실패해 혼자 살며 괴롭거나 헤어지지 못해 괴롭거나 등등 더 많은 경우 아직까지 짝을 찾지 못하거나 가족을 만들지 못한 사람들이다. 누가 곁에 없어서 혹은 있어도 외로운 사람들이 많다.

인간은 외로움에 취약한 사회적인 동물이다. 그래서 다른 동물을 '반려'만의 목적으로 키울 수 있었다. 게다가 반려견은 일관되고 성실한 사랑을 행동으로 증명하는 믿을 만한 대상이다. 반려견으로부터 받을 수 있는 유일한 상처는 아이러니하게도 그 반려견의 죽음이고 그로 인해 겪는 상실감이다.

병원을 방문한 40대 여성이 있다. 반려견이 항암 치료 중이지만 그리 오래갈 것 같지 않아 떠나 보낼 생각을 하면 눈물이 앞을 가린다고 했다. 나는 이미 우울증을 앓고 있는 그녀가 반려견을 떠나보낸 후 병세가 심하게 악화될까봐 걱정스러웠다.

반려동물이 죽으면서 느끼게 되는 우울감과 상실감을 뜻하는 펫로스 신드롬은 건강한 사람도 우울증으로 몰아넣을 수 있는 무서운 문제다. 2012년 부산에서는 반려견의 죽음을 비관한 40대 여성이 스스로 목숨을 끊는 일도 있었다. 이런 극단적인 경우가 아니더라도 대부분의 사람들은 반려동물이 죽으면서 극심한 스트레스와 우울감을 경험한다.

사회학자와 심리학자들은 반려동물의 죽음에 대한 인간의 슬픔의 깊이와 이를 극복하는 방법을 이해하기 위해 비애경험척도 grief experience inventory 나 센셰어 애완동물 애착 조사 Censhare Pet Attachment Survey 같은 도구를 이용해 연구를 하기도 한다. 반려동물이 죽었을 때 보이는 반응은 일반적인 사별반응(애도반응)과 구조적 특성은 같다. 그러나 유독 극복하기 힘든 감정은 '죄책감'이다. 경제적인 문제로 충분히 치료를 못했거나 치료를 했더라도 안락사를 시켜야 했던 경우 더 심하게 나타난다.

사실 개를 키우면서 미안한 순간이 한두 가지가 아니지 않은가. 우리 아이들은 지금도 틈만 나면 나를 구박한다. 세로토가 죽고 나면 아빠가 제일 미안해할 거라고, 있을 때 잘 하라고 말이다.

잘 가,
고마웠어…

한 매체의 요청으로 펫로스 신드롬에 대해 인터뷰를 한 적이 있다. 기자는 펫로스로 인한 스트레스에 일상이 불가능한 사람들이 증가하고 있는 반면, 이들이 이해받을 공간과 사람이 너무 부족한 현실에서 이를 극복할 만한 설명과 대처법을 알려달라고 했다. 그게 2012년의 일이다.

그 이후로도 펫로스 신드롬 환자는 꾸준히 늘어나고 있다. 거기에는 우리나라만의 특별한 사정이 있다. 인터뷰를 하던 2012년만 해도 500만 정도로 추산되던 반려동물을 키우는 인구가 2018년인 지금은 천만에 육박하고 있다. 전문가들은 반려동물이 2000년을 전후로 급증했다고 보는데 현재 그 동물들의 나이가 18살이다. 각 가정에 수명을 다했거나 다해가는 반려동물이 점차 늘어나고 있다는 의미다. 대부분의 가정에서 무지개 다리를 건너는 첫 번째 반려동물이고 펫로스 신드롬 역시 처음 겪는 일이다.

반려견을 키운 역사가 깊고 관련 산업이 발달한 미국이나 유럽은 펫로스 신드롬에 대한 이해가 깊다. 치료 프로그램을 운영하는 전문의료센터도 있고, 정신과 상담을 받거나 약을 처방받는 일도 흔하다. 반려동물이 많아졌다고는 하지만 지금도 근처 어딘가에는 보신탕 집이 있고 개고기를 파는 시장도 있는 우리나라다.

반려동물을 키우는 사람도 키우지 않는 사람도 펫로스 신드롬은 낯설다. 개 하나 죽었다고 슬퍼 죽겠다는 사람을 이해하고 위로해주는 친절한 사회가 아닌 것이다. 주변 분위기가 이러하니 스스로의 감정을 부정하게 되고, 그러다 보니 증세는 오래 가고 극복도 힘들다. 넘어갈 일도 병으로 키우는 셈이다. 몇 달이고 일상생활에 불편이 생길 정도라면 정신과 전문의를 찾기를 권한다.

펫로스 증후군을 잘 겪어내려면 알아야 할 것들이 있다. 첫 번째, 힘들고 슬픈 일을 극복해가는 정상적인 단계, 즉 부정, 분노, 협상, 우울, 수용을 인정해야 한다. 고작 반려견 때문에 왜 이럴까 눈치보지 말고 충분한 애도기간을 갖자. 통상 2개월 정도는 마음껏 슬퍼해도 된다.

두 번째, 슬픔을 나누고 공유할 수 있는 사람들과 이야기를 나누자. 주변에 마땅한 사람이 없다면 커뮤니티를 방문하는 것도 권한다. 우울증 환자가 제일 힘들어하는 것 중 하나가 "그까짓 일로 우울해 하냐"는 주변의 반응이다. "그까짓 개 한 마리 때문에"라든가 "부모라도 잃었냐"라는 말을 하는 사람들은 당분간 멀찍이 피하는 것이 상책이다. 멀리 한 김에 그런 배려 없는 사람과 다시 가까워져야 할지도 고민해보기 바란다.

조금 슬픔이 가라 앉았다면 세레모니를 갖는 것도 좋은 방법이다. 반려문화가 우리나라보다 성숙한 서구에서는 나무를 심거나 반려견의 이름으로 기부를 함으로써 슬픔을 추억으로 승화시킨다. 반려견의 사진을 액자로 만들어 걸어두고 행복했던 기억을 떠올리기도 한다. 살 날이 얼마 남지 않은 시츄를 키우는 처제는 화장 후 유골로 '메모리얼 스톤'을 만들겠단다. 나는 아직 도파가 구슬로 바뀐다는 건 상상도 하기 싫지만 많이들 그렇게 한다고 한다.

그럼에도
불구하고

　나는 외로워 힘들어하는 사람만큼이나 화가 난 사람들도 많이 만난다. 그들의 분노는 진료실 책상을 넘어 나까지 집어 삼키는 게 아닐까 싶을 만큼 크고 깊다. 그 분노에는 동업자나 동료의 배신, 믿었던 친구의 모함, 사랑하는 가족이 준 상처가 같이 자리잡고 있다. 많은 경우 사람이 사람을 외롭게 하고, 슬프게 하고, 분노하게 한다. 그게 자기 자신인 경우까지 포함해서 말이다.

　하지만 나는 반려동물이 저지른 배신으로 상처받고 괴로워하는 사람은 단 한 사람도 보질 못했다. 걸핏하면 서로 상처를 주는 사람에 비하면 개는 참 믿을 만한 친구다. 그래서 어떤 사람에게는 반려동물과의 유대 관계가 사람과 사람 이상일 수 있다. 이것이 바로 펫로스 신드롬이 생기는 이유다.

　힘들게 이 과정을 극복한 사람들도 그 과정에서 겪은 슬픔 때문에 앞으로 다시는 개를 키우지 않겠다고 결심하게 된다. 굳은 결심까지는 아니어도 선뜻 새로운 반려견을 맞기까지는 시간이 필요하다. 잘 모르는 사람들은 "그냥 한 마리 다시 데려오면 되지 않느냐"고 이야기한다. 가족을 잃은 사람에게 다른 가족을 데려오라는 꼴이다. 위로라고 한 말이 폭언이 되는 경우다. 끝까지 반려동물을 못 키우는 사람도 있지만 많은 경우 다른 개를 통해 상처

/ 도파와 니카 /

도파와 니카가 함께 기념사진을 찍었다.
아름답고 사랑스러운 이 개들도 언젠가는 우리 곁을 떠나는 순간이 올 것이다.
같이 있는 이 시간을 충분히 즐기고 행복해져야 하는 이유다.

가 치유된다. 잊지 말아야 할 것은 상실을 경험한 이후에는 일정 기간 애도와 회복의 시간이 필요하다는 점이다.

그리고 필요한 시간은 사람마다 다른 법이다. 유기견 보호소에 봉사를 다니면서 도움이 절실한 개들을 돌보거나 유기견을 위한 임시보호처를 제공할 수도 있다. 덮어놓고 새 반려견을 들이기보다 현명한 방법이다. 여러 마리를 키우는 집이라면 남아 있는 다른 개들이 큰 위로가 되어준다. 많은 사람들이 그런 과정을 통해 반려견에 대해 더 깊은 이해와 애정, 책임감을 가지게 된다. 더 좋은 인간이 된다는 이야기이기도 하다.

우리의 삶은 영원하지 않고 물건이든 생명이든 어떤 존재와 함께할 때 그것이 지속되는 시간 역시 유한하다. 아끼는 물건은 언젠가 못쓰게 되고, 좋아하는 옷은 낡게 된다. 사랑하는 아이들은 장성해서 부모 곁을 떠나고, 부모는 먼저 세상을 떠난다. 나와 사랑하는 아내 중 한 사람은 먼저 사별의 고통을 겪게 될 것이다.

유한한 시간이기에 함께 있는 지금 이 시간을 소중히 여기는 건 지혜다. 반려동물과 함께 사는 동안은 같이 있어서 행복하고 떠나보낸 이후에는 좋은 기억들을 떠올리며 행복할 수 있으면 그걸로 충분하다. 상실이 두려워 회피한다면 그것은 미리 행복을 내쫓는 일이다.

언젠가 올 이별

잘난 척 이런저런 조언을 하고는 있지만 나는 아직 반려견을 먼저 떠나 보낸 적이 없는 초짜 반려인이다. 막상 그 날이 닥치면 어떨까 가끔 생각은 해본다. 아마 나이가 제일 많은 세로토가 먼저 떠날 것이다. 아내가 제일 슬퍼할 테고 아이들도 상심이 클 거다. 나는 슬퍼하는 가족들 때문에 속상할 것 같다.

그런데 그러다 가족들이 세로토를 예뻐하지 않았던 내게 화풀이를 하면 어떡하지? 슬픔이 큰 만큼 내가 당할 원망의 크기도 커지겠지. 이제부터라도 세로토에게 관심을 가져야겠다. 적어도 세로토가 이런저런 노환에 시달릴 때 인색하게 굴지는 않겠다고 다짐해본다.

세로토가 떠나도 도파와 니카만 잘 키울 예정이다. 아내도 나도 같은 생각이다. 그 다음은 도파가 떠나는 날이 올 거다. 온 가족이 다 슬프겠지만 특히 나는 많이 슬플 것 같다. 도파를 기억할 수 있는 영상이며 사진을 들여다보며 이겨 내려고 애쓸 것이고, 늦기 전에 우울증 약도 챙겨 먹겠다. 무엇보다 니카가 가장 큰 위로가 되어줄 것이다.

니카가 15살이 되는 2030년이면 우리 부부는 모두 환갑을 훌쩍 넘긴 노인이다. 100세 시대에 너무 늙어서라고 할 만한 나이는 아니지만 어린 강아지를 키울 만큼 기운이 있을지는 모르겠다. 장담할 수는 없지만 아마도 우리 부부에게 니카는 생을 같이 하는 마지막 반려견일 것이다. 집에서 태어나 핏덩이 때부터 키운 만큼 도파와는 또 다른 니카에 대한 각별함이 있다. 니카는 태어나는 순간부터 죽는 순간까지 일생을 우리와 함께할 유일한 반려견일 것이다.

　니카까지 떠나 보낸 후 그 다음에 할 수 있는 일은 지금은 생각하지 않겠다. 아직 튼튼하고 기운 뻗치는 녀석들과 해지기 전에 산책이라도 가야겠다.

EPI
LO
GU
E

도파를 위한
음악을 만들다

 세상은 빠르게 변한다. 이 글을 쓰고 있는 사이에도 변하고 있다. 예전에는 개판, 개떡, 개소리, 개뿔, 개망신, 개수작 같이 욕을 포함해서 접두사 '개'가 들어간 단어는 나쁜 말이었다. 그러나 우리 아이들이 요즘 즐겨 쓰는 말은 좀 다르다. 개이쁨, 개이득, 개좋아…. 앞에 '개'자가 붙어 있긴 한데 나쁜 뜻은 아니다. 'so much' 정도로 이해하면 될까? 그만큼 개에 대한 인식이 바뀌었다.

 모든 변화가 남달리 빠른 우리나라는 반려문화도 적응하기 힘들만큼 달라졌다. 20년 전만 해도 마당에 묶여 살던 개가 지금은 강아지 유치원도 다닌다. 이런 변화가 어떤 이들에게는 발전일 것이고, 어떤 이들에게는 불만일 것이다. 앞으로 10년, 20년 후에는 반려견이 우리 생활에 또 어떤 변화를 가져올지 궁금해진다.

 2015년 여름, 전작인 『불안에 대한 거의 모든 것』을 마쳐갈 즈음에 도파가 출산을 했다. 다음은 그때 썼던 에필로그의 일부다.

책을 마무리하기 며칠 전, 우리 집에 새 생명이 태어났다. 도파가 공주 둘, 왕자 셋을 출산했다. 6시간이 넘는 출산 과정을 지켜보면서 생명에 대한 경외감을 느끼지 않을 수 없었다. 한 번도 보거나 배운 적이 없음에도 불구하고 도파는 양막과 태반을 처리하고 탯줄까지 정성스럽게 끊은 다음, 한 마리 한 마리 초유를 먹였다. 그리고 다 똑같을 줄 알았던, 꼬물거리는 아기들은 꼬리 모양, 왼쪽 앞발의 흰 털 모양, 몸 크기가 서로 달라 모두 구별이 가능했다. 개의 출산, 흔하고 당연한 일이겠지만 내게는 정말 신비로운 사건이었다.

그 후 3년이 지났다. 그때 그 강아지들은 모두 좋은 가족을 만나 행복하게 잘 지낸다. 비록 떠나 보내긴 했지만 녀석들은 같이 있는 동안 우리를 충분히 행복하게 했다.

사람은 말할 것도 없고, 개들에게도 무척이나 힘들었던 2018년 여름이 끝나간다. 40도가 넘나드는 폭염에 산책도 하기 힘들었다. 태풍이 지나고 더위가 한풀 꺾인 지금 도파, 니카, 세로토가 주말 늦은 오후의 여유로움을 거실 바닥에 모로 누워 만끽하고 있다. 마침 가바네 가족들이 여행을 떠난 동안 가바도 며칠 우리 집에 와있다. 모두 이 책의 주인공들이다.

글쓰기의 끝을 달리다 보니 여름 내내 축 늘어져 있던 우리 집 강아지들에게 미안해진다. 더위를 핑계 삼긴 했지만 집필을 이유로 정작 책의 주인공인 강아지들에게 소홀했다. 여름도 지났고 책도 나왔다. 핑계도 바닥났으니 바깥 바람이라도 쐬러 같이 나가야겠다. 산책하기에 좋은 가을은 늘 짧은 법이다.

몇 년 전에 불현듯 머릿속에 가사가 떠올랐다. 도파에 대한 노래였다. 신발을 뜯어먹고, 손가락을 물어뜯는 식의 가사인데 내 머리 속엔 온통 도파로 가득 차 있던 시기여서 이런 노래가 나온 것 같다. 아하, 의사가 통기타를 치면서 부르는 아마추어 수준의 노래가 아니냐고? 2017년 4월 Melon 운영사인 카카오M(舊 로엔 엔터테인먼트)을 통해 'Dopa ate my shoes'라는 제목으로 음반을 출시했다. 2017년 가을에 정규 앨범 10곡이 들어 있는 앨범을 출시했고 지금은 다음 앨범을 준비중이다. 밴드 이름은 가바 펀치$^{GABA\ Punch}$다. 이번에는 내가 아니고 가바를 특히 예뻐했던 딸의 작명이다.

누군가의 행동이 나를 짜증나게 할 때, '도대체 왜 이러는 거야?'보다는 '왜 저런 행동을 할까?'라는 시각으로 바라보려고 노력해야 한다. 개의 행동도 그렇게 바라보려고 노력해야 한다. 다정한 눈빛, 무조건적인 관심, 상대를 배려하는 카밍 시그널을 통해 다른 이를 대할 때 어떻게 해야 친구가 될 수 있는지 도파에게 배웠다. 부디 당신과 당신의 개 사이에도 옥시토신의 강이 흐르게 되길 바란다.

책을 쓰는 동안 많은 고마운 분들과 함께 나와 인연을 맺었던 개들을 떠올려보았다.

우선 만난 적은 없지만 예쁜 도파를 낳아준 도파의 엄마, 아빠 개가 고맙다. 도파의 신랑이자 니카의 아빠인 해탈이네에게 큰 신세를 졌다. 해탈이 아빠의 도움이 없었다면 예쁜 강아지들을 못 만났을 것이다.

도파와 해탈이 사이의 5강아지를 맡아 키우고 계신 모든 가정에게도 감사하다. 어린 강아지만 키우려는 요즘, 9개월 큰 개를 기꺼이 맡아주신 가바네 가족 모두는 특별히 고맙고 참 좋은 분들이다. 가끔 집에 놀러 오는 가바를 보면 그 댁에서 얼마나 큰 사랑을 주는지 한눈에 알 수 있다. 가바가 복이 많다.

책을 마무리할 무렵, 기르던 반려견을 무지개 다리 너머로 떠나보낸 처제와 가족들에게도 위로를 보낸다. 아무도 키우려 하지 않던 병든 유기견을 맡아 4년간 돌봤었다. 행운이는 비록 밤하늘의 별이 되었지만, 이름 그대로 처제네 가족을 만난 건 행운이었다고 믿는다.

이 책의 실제 저자나 마찬가지인 아내에게 마음속 깊은 감사를 표하며, 강아지에게 못되게 군 아빠 때문에 속상했을 아이들에게도 미안하다고 말하고 싶다. 오랜 시간 동안 참고 이해를 해주어 고맙다. 앞으로 가족에게도 세로토를 포함한 개들에게도 더 좋은 사람이 되겠다.

끝으로 나와 짧게 혹은 길게 인연을 맺었던 마당의 메리부터 아쉽게 이별한 스티치, 그리고 도파와 니카, 세로토까지 모든 개들에게 고마웠고 미안했고 지금도 고맙다고 말하고 싶다. 내 곁이거나 혹은 그 어디서든 모두들 행복했기를, 행복하기를 바란다.

유상우

이 글은 도파를 만나면서 깨달은
나의 부지에 대한 반성문이다. 3마리 개와 함께 사는
소소한 즐거움을 늘어놓는 잡담이자 기록이다.

독자 여러분의
소중한 원고를 기다립니다

★ 메이트북스는 독자 여러분의 소중한 원고를 기다리고 있습니다. 집필을 끝냈거나 혹은 집필중인 원고가 있으신 분은 khg0109@hanmail.net으로 원고의 간단한 기획의도와 개요, 연락처 등과 함께 보내주시면 최대한 빨리 검토한 후에 연락드리겠습니다. 머뭇거리지 마시고 언제라도 메이트북스의 문을 두드리시면 반갑게 맞이하겠습니다.